AFRIQUE ET MONDIALISATION

Rwanda d'hier et d'aujourd'hui

Collection « Droits, Sociétés, Politiques -
Afrique des Grands Lacs »
Collection dirigée par Jean-François Boudet

Limitée à un espace géographique donné, la Collection « Droits, Sociétés, Politiques - Afrique des Grands Lacs » accueille des ouvrages scientifiques et professionnels de qualité, écrits autant par des juristes que des économistes, des historiens, des politistes, des philosophes ou des sociologues, contribuant à la publication et à la diffusion d'ouvrages ainsi que des outils pédagogiques au service du Droit et de la construction de la Paix dans la région des Grands Lacs.

Déjà parus

Obrillant DAMUS et Gaudiose VALLIERE LUHAHE (dir.), *Le viol : un crime contre l'humanité de l'autre,* 2022.
Emmanuel NYAMPATSI, *Itinéraire spirituel d'un ex-prêtre rwandais. Pour la joie de vivre*, 2021.
Jean-François BOUDET (coord.) avec le soutien de Paul LENS, *Justice français et génocide des Tutsi au Rwanda*, 2021.
Justin ADRIKO MUNDUA, *Lecture de la bible et engagement politique en république démocratique du Congo,* 2020.
Justin ADRIKO MUNDUA, *Léopold II, la Belgique, le Congo et les Congolais. Réflexions philosophiques et théologiques sur l'étatisation du bassin du fleuve Congo*, 2020.
Justin ADRIKO MUNDUA, *Plaidoyer pour une République démocratique du Congo échangeur d'Afrique et du monde,* 2019.
Justin ADRIKO MUNDUA, *Le peuple congolais et la démocratie,* 2019.
Justin ADRIKO MUNDUA, *Une nouvelle théologie pour la République démocratique du Congo et le tiers monde,* 2019.
Justin ADRIKO MUNDUA, *La République démocratique du Congo, prodigue ou prodige ?, Essai d'une philosophie politique et d'une théologie pour le Congo*, 2019.

Alphonse Mukama

AFRIQUE ET MONDIALISATION

Rwanda d'hier et d'aujourd'hui

Essai

L'Harmattan

5-7, rue de l'Ecole-Polytechnique, 75005 Paris
http://www.editions-harmattan.fr
ISBN : 978-2-14-033517-4
EAN : 9782140335174

En hommage à S.E Paul Kagame et Jeannette Kagame, le Président et la Première Dame de la République du Rwanda

Remerciements

L'auteur adresse ses chaleureux remerciements à Jean-Baptiste Rucibigango pour ses précieux conseils du début à la fin de ce livre. Il adresse également ses remerciements au Dr Diogène Bideri pour la lecture de la première version du livre ainsi que ses critiques pertinentes qui ont permis de mieux structurer ce livre. Josephine Sheila Opar a été très active dans la négociation des images du livre et il l'en remercie. L'apport de Jean-Luc Galabert dans la mise en forme de la dernière version du livre a été déterminante. Il lui dit aussi grand merci.

À tous ceux qui ont contribué à la sortie de ce livre et qui ne sont pas cités ici, l'auteur les en remercie également.

Ses pensées vont également à feu Dr Rusibira J. Kimanuka qui, durant son adolescence, a contribué à lui faire aimer les livres. Enfin et surtout, il remercie Diana Louise Ofwona, son épouse et confidente, pour son encouragement et ses conseils tout au long de ce travail.

Abréviations

ABAKO	Association des Bakongo
AEF	Afrique équatoriale française
AFDL	Alliance des forces démocratiques pour la libération du Congo
ANC	African National Congress
AOF	Afrique occidentale française
APR	Armée patriotique rwandaise
BAD	Banque africaine de développement
BBC	British Broadcasting Corporation
BIRD	Banque internationale pour la reconstruction et le développement
BM	Banque mondiale
CDR	Coalition pour la défense de la république et la démocratie
CEAC	Communauté économique des États de l'Afrique centrale
CEDEAO	Communauté économique des États de l'Afrique de l'Ouest
CND	Conseil national pour le développement

COMESA	Common Market of East and South Africa
DAMI	Détachement militaire à l'instruction
DSP	Division spéciale présidentielle
EAC	East African Community
FAR	Forces armées rwandaises
FDLR	Front démocratique pour la libération du Rwanda
FLN	Front de libération nationale
FMI	Fonds monétaire international
FNLA:	Front national pour la libération de l'Angola
FP	Force publique congolaise
FPR	Front patriotique rwandais
FRELIMO	Front de libération du Mozambique
GTBE	Gouvernement de transition à base élargie
MDR/ PARMEHUTU	Mouvement démocratique républicain / Parti du mouvement de l'émancipation de la masse hutu
MINUAR	Mission des Nations unies pour le Rwanda
MNC	Mouvement national congolais
MPLA	Mouvement populaire pour la libération de l'Angola
MRND	Mouvement révolutionnaire national pour le développement

NEPAD	New Partnership for Africa's Development
OMC	Organisation mondiale du commerce
ONU	Organisation des Nations unies
OTAN	Organisation du traité de l'Atlantique Nord
OUA	Organisation de l'unité africaine
PAC	Pan Africanist Congress
PAIGC	Parti africain pour l'indépendance de la Guinée- Bissau et des îles du Cap-Vert
PAL	Plan d'action de Lagos
PIB	Produit intérieur brut
RADER	Rassemblement démocratique rwandais
RFI	Radio France internationale
RTLM	Radiotélévision des mille collines
SADEC	Southern African Development Community
SWAPO	South-West African People's Organization
TPIR	Tribunal pénal international pour le Rwanda
UA	Union africaine
UNAR	Union nationaliste rwandaise
UNITA	Union nationale pour l'indépendance totale de l'Angola
UPC	Union des populations du Cameroun

UPRONA	Union pour le progrès national
URSS	Union des républiques socialistes soviétiques
VOA	Voice of America
ZANU	Zimbabwe African National Union
ZAPU	Zimbabwe African People's Union
ZLECAf	Zone de libre-échange continentale africaine

Avant-propos

D'éminents chercheurs disent que la mondialisation est une réalité ancienne aux multiples facettes : expansion du commerce international, flux migratoires, circulation de capitaux, des idées, des images, etc.... Cette première mondialisation correspondrait donc, historiquement, plus ou moins à la période de la conférence de Berlin (1885) et au partage de l'Afrique entre les grandes puissances européennes qui s'ensuivit. Ce partage condamna pour de bon l'Afrique à l'exploitation barbare de ses ressources, à l'éclatement des nations ainsi qu'à la déstructuration des royaumes et empires africains.

La mondialisation est une réalité incontournable de notre époque et selon toute vraisemblance elle fera partie de notre destin. Nous sommes donc obligés de rester attentifs à ses mécanismes ainsi qu'à ses conséquences sur le présent et l'avenir de l'Afrique.

Pour comprendre pourquoi l'Afrique tarde à devenir un continent émergent où règnent la loi et l'ordre, il a fallu se référer à l'histoire de l'Afrique, analyser les aspects économiques de la traite des Noirs, l'accumulation du capital qu'a permis la colonisation, questionner la souveraineté des États, démonter les mécanismes de la dépendance économique, souligner l'importance du bon leadership et de la bonne gouvernance, décrire le rôle néfaste de la corruption, prêter attention à la géopolitique des matières premières, etc..

Ce livre est un message d'espoir pour une Afrique meilleure. Il est également un appel à la jeunesse africaine pour l'adhésion aux idéaux du panafricanisme, voie royale pour atteindre la libération politique et économique totale de l'Afrique. Le premier défi de l'Afrique sera de faire taire les armes, d'éteindre tous les feux allumés par les conflits communautaires car il n'y a pas de développement sans sécurité. Pour illustrer le rôle néfaste que peut jouer un mauvais leadership en Afrique, nous avons abordé le Génocide contre les Tutsi.

Il est fort regrettable qu'un État africain, à savoir le Gouvernement rwandais se soit illustré en 1994 en perpétrant le Génocide contre les Tutsi devant les écrans de télévision du monde entier durant 100 jours et qu'ensuite les commanditaires et planificateurs aient traversé allègrement toutes les frontières pour s'installer confortablement dans toutes les capitales du monde.

Ce livre est un devoir de mémoire pour le million de personnes innocentes victimes de ce génocide. Ce livre est aussi un hommage aux héros de la guerre de libération du Rwanda qui ont mis fin à ce génocide ; ces héros anonymes, soldats et civils qui sont morts pour que d'autres puissent vivre dignement.

Aux milliers de planificateurs, auteurs, complices et exécutants, qui ont endeuillé le peuple rwandais, il faudra des milliers de témoins pour les confondre pour que plus jamais cela n'arrive.

Ce livre n'est ni un manuel d'histoire ni un traité d'économie politique. Les différents sujets évoqués dans ce livre peuvent être approfondis séparément. Je les ai abordés pour donner au lecteur une vue d'ensemble sur les défis du continent africain. J'ai voulu partager mes pensées avec mes contemporains sur des évènements complexes qui nous concernent tous et pour lesquels beaucoup de personnes de bonne volonté, à travers le monde, pourraient donner une contribution, si modeste soit-elle, pour que nous puissions léguer un monde meilleur aux générations futures.

Kigali, le 27 octobre 2022
Alphonse Kayiranga Mukama

I.

Esclavagisme et régression de l'Afrique

« L'historien de l'Afrique en ramenant à la vie le passé de ce continent, crée un capital spirituel qui constituera une source multiforme et permanente d'inspiration. »

Joseph Ki-Zerbo[1]

L'esclavagisme et l'exploitation coloniale ont totalement déstructuré le continent africain. À notre avis, l'Afrique n'a pas encore tiré toutes les leçons de la catastrophe humaine qui s'en est suivie. Certains analystes veulent faire croire que l'Afrique doit seulement s'occuper du présent sans se référer au passé. Et pourtant, l'Afrique pourra difficilement guérir de ses blessures si cette période de notre histoire n'est pas examinée à la loupe par des experts africains de toutes disciplines pour en tirer les leçons et une stratégie devant conduire à l'émergence d'un continent émancipé.

[1] Joseph Ki-Zerbo, *Histoire de l'Afrique noire*, Hatier, 1978, p. 30

Régression démographique et économique

On sait que l'esclavage était commun dans le bassin méditerranéen pendant l'antiquité. Cette institution fut un pilier du développement de la Grèce puis de la domination de Rome. Sous l'Empire romain, le nombre d'esclaves s'est accru jusqu'à atteindre près de 40 % de la population.

Ce que l'on sait moins c'est que le mot esclave provient du mot « sclavus : slave » et du fait que les Slaves d'Europe centrale étaient encore particulièrement vendus au Moyen Âge ; des esclaves blancs étaient même au service de l'Empereur du Mali. Dans certaines parties de l'Afrique, l'esclavage était une pratique courante comme dans l'île de Zanzibar ou dans le royaume Kongo. Cependant, l'esclave était généralement intégré à la famille[2].

Sans jamais disparaître, l'esclavage a reculé en Europe au cours du Moyen Âge, notamment du fait de la doctrine de l'Église qui proclamait l'égalité de tous les humains devant Dieu[3]. Cette égalité de droit divin, s'accommodait toutefois des hiérarchies de fait. La doctrine catholique prônait l'obéissance et le servage maintint une grande partie de la population en situation de domination quasi totale.

Une nouvelle forme d'esclavagisme qui va bouleverser l'Afrique va commencer au XVe siècle pour s'achever dans la seconde moitié du XIXe siècle. Au début, les Européens s'intéressaient à l'or africain, mais, à partir de la deuxième moitié du XVIe siècle, c'est le trafic des esclaves qui passera au premier plan parce que les plantations de sucre, de coton

---

[2] *Idem*.

[3] L'argument théologique selon lequel les Noirs seraient les descendants de Chanaan, le fils maudit de Noé, condamné à devenir « à l'égard de ses frères l'esclave des esclaves » (*La Bible,* Genèse, IX, 25) a justifié l'esclavage et la colonisation.

et de café en Amérique avaient besoin de beaucoup de main-d'œuvre.

La mise en esclavage des populations africaines fut idéologiquement justifiée, par une bulle pontificale du pape Paul III en 1537 qui reconnut la commune humanité des populations autochtones du Nouveau Monde et interdit en conséquence qu'elles soient exploitées comme esclaves par les colons, mais qui n'accorda pas la dignité de « véritables êtres humains » aux Noirs.

Le pseudo argument théologique selon lequel les Noirs seraient les descendants de Chanaan, le fils maudit de Noé, condamné à devenir « à l'égard de ses frères l'esclave des esclaves » (Genèse, IX, 25) a justifié le sort indigne réservé aux Noirs.

Dès lors, la réduction en esclavage des populations africaines a pu se développer sans entraves, assurer le développement économique d'une grande partie de l'Amérique et des Caraïbes. Le commerce triangulaire des esclaves va aussi avoir pour effet d'accélérer l'accumulation du capital en Europe, en premier lieu en Angleterre, mais aussi en France.[4]

Au total, l'Afrique noire aurait perdu 22 millions de personnes entre 1500 et 1890 du fait du « commerce » des esclaves. On estime à 15,4 millions le nombre de personnes qui auraient été exportées à travers l'Atlantique, à 3,9 millions à travers le Sahara, et à 2,9 millions pour le trafic de l'océan indien et la mer rouge.

Le crime contre l'humanité de la traite des esclaves a eu des conséquences dont l'ampleur n'a jamais été étudiée de façon exhaustive.

---

[4] B.A. OGOT et al., *Histoire générale de l'Afrique*. T. V. L'Afrique du XVIe au XVIIIe siècle. Présence africaine/Edicef/UNESCO, p. 44

Sur le plan humain, l'esclavagisme a engendré de trop grandes souffrances pour les personnes arrachées à leurs familles et transportées dans des conditions effroyables vers l'Amérique essentiellement, et condamnées de génération en génération à permettre l'enrichissement de leurs maîtres et propriétaires qui n'avaient que du mépris pour leur main-d'œuvre.

Sur le plan socio-économique, cette migration forcée va interrompre l'essor démographique en Afrique et de vastes zones du continent vont se vider de leurs habitants. Il va de soi que les activités économiques en seront grandement affectées.

Avant l'essor de la traite négrière, l'agriculture, l'élevage, la chasse, la pêche, un artisanat très diversifié (métallurgie, textile, céramique, etc.), la navigation fluviale et lacustre, le commerce proche et lointain, avec des monnaies spécifiques, étaient très développés et actifs en Afrique subsaharienne. Au XVIe siècle, le niveau intellectuel et spirituel de l'Afrique subsaharienne n'avait rien à envier à celui de l'Afrique du Nord à la même époque. D'importants centres commerciaux et des villes de soixante mille à cent quarante mille habitants, ce qui était considérable à l'époque, s'étaient développés au sud du Sahara au sein de royaumes et d'empires remarquablement organisés.

Sous l'effet de la multiplication des opérations militaires européennes et arabes pour satisfaire aux besoins du commerce des esclaves, les populations vont être terrorisées, les royaumes et les empires vont se disloquer, s'émietter en principautés amenées à se faire la guerre de plus en plus souvent afin d'avoir des prisonniers qui pourront être échangés, notamment contre des fusils, indispensables pour se défendre et pour attaquer. L'ensemble de la vie sociale, économique et spirituelle va se désagréger sous la pression d'un état de guerre latent, permanent jusqu'au cœur du continent. La traite des esclaves fut le premier choc qui marqua négativement le destin du continent africain.

Esclaves en partance pour l'Amérique.
Source : Getty Images

Dans le reste du monde, en Amérique du Nord et en Europe, l'activité principale était l'agriculture et l'activité manufacturière en était au stade de l'artisanat. La grande différence des sociétés européennes sur les sociétés africaines est que les premières utilisaient la roue, l'énergie hydraulique et éolienne et disposaient d'animaux de trait et de chevaux pour le transport. Sur la base de ces technologies, l'esclavagisme et la main-d'œuvre quasi gratuite qui en est issue vont rendre possibles l'essor économique des nations européennes et la révolution industrielle qui va s'ensuivre.

En 1784, la Chambre de commerce de Nantes faisait l'éloge de la traite d'esclave en ces termes : *« Le commerce d'Afrique, est le plus intéressant du royaume, la source la plus abondante des richesses qui entrent dans l'État ; sans lui, l'Amérique privée d'esclaves deviendrait infructueuse.*

La traite des Noirs est la base de toute notre navigation : c'est elle qui fournit des bras pour la culture de nos îles ; qui nous procure en retour une masse incroyable de denrées en marchandises, telles que le sucre, le café, le coton et l'indigo, tant pour la consommation du royaume que pour en faire commerce avec les étrangers. »[5]

C'est ainsi que l'esclavage aura joué un rôle prépondérant dans l'émergence de l'ordre mondial du XVIe-XVIIIe siècle. Cet ordre peut se définir comme un système de relations économiques englobant plusieurs pays, auxquels simultanément, il assigne des fonctions et octroie des récompenses par le mécanisme d'un réseau d'échanges commerciaux[6]. C'est cet ordre économique et politique qui s'est reproduit de façon élargie avec le concours de la technologie pour donner l'ordre mondial que nous connaissons aujourd'hui. À mon avis, certains mécanismes qui maintiennent l'Afrique au bas de l'échelle de la mondialisation trouvent leur origine dans cette période.

On aimerait croire que l'abolition de l'esclavage procéda de l'évolution de la conscience humaine, de la progression du sentiment d'indignité de la condition d'esclave, et de celui de l'égalité et de la fraternité de tous les humains comme le proclama la « Déclaration des droits de l'homme et du citoyen » de 1789.

L'examen des faits historiques montre autre chose.

En Europe, la représentation nouvelle selon laquelle il est indigne qu'un Européen asservisse un autre Européen fut une des conséquences de la peste noire qui emporta environ un Européen sur trois. Après une telle hécatombe et la crise de main-d'œuvre qui s'en suivit, il s'avéra impossible de faire revivre le servage ou même l'esclavage.

---

[5] Cité in Jacques Suret-Canale « Contexte et conséquences sociales de la traite africaine », *Présence Africaine*, 2e trimestre 1964, p. 128 à 150.
[6] Ib*idem.*

Dans les Amériques, les pratiques esclavagistes furent mises à mal d'abord par le marronnage[7] c'est-à-dire par la fuite des esclaves en dehors des espaces contrôlés par leurs maîtres, puis par la recrudescence des révoltes d'esclaves au XVIIIe siècle. La première grande révolte, qui fut aussi la plus longue avait eu lieu bien plus tôt au Brésil. Dès 1585, répondant à la brutalité de l'esclavage au sein de la colonie portugaise par la révolte, des femmes et des hommes se libérèrent et luttèrent pendant plus de 120 ans pour sauvegarder leur liberté. Fait extraordinaire, et oublié, cette lutte qui agrégea Amérindiens, Noirs, Mulâtres ou Blancs pauvres, engendra le premier « État » libre d'Amérique : celui du *Quilombo*[8] *dos Palmares*[9]. Sa longévité lui valut d'être divulguée de façon mythique sur l'ensemble des colonies des Amériques et des Antilles et d'insuffler le courage nécessaire à d'autres révoltes.[10]

L'histoire a retenu le nom de certains de leurs leaders : Aphra Behn le leader des marrons du Surinam ; Moses Bom

---

[7] Le terme marron, vient d'un mot des premiers habitants amérindiens Arawak d'Haïti, et qui servait à désigner un animal domestique redevenu sauvage. Le terme marronnage désigne la fuite des esclaves et les sociétés qu'ils formaient en marge de l'espace colonisé.

[8] Le mot « quilombo », désigne au Brésil un territoire de l'arrière-pays et une société fondée par des esclaves « marrons », c'est-à-dire qui se sont libérés et ont fui les domaines esclavagistes. Les « quilombos » étaient les villages communautaires dans lesquels vivaient les rebelles.

[9] L'histoire du quilombo dos Palmares a été exhumée par Ivan Alves Filho, dans l'ouvrage Memorial dos Palmares. Rio de Janeiro : Xenon, 1988.

[10] Peu à peu, ce mouvement a entraîné une multitude de rébellions d'esclaves dans les régions avoisinantes. De plus en plus d'entre eux se sont libérés et ont rejoint la communauté de Palmares. Devenant une sorte de terre promise pour les esclaves elle ne cesse de s'agrandir, et comptera jusqu'à 30 000 membres. Les esclaves libérés y établirent un mode de vie en communautés autogérées, inspiré par celui que pratiquaient leurs ancêtres en Afrique. Cette société libre perdura plus d'un siècle. Pour finalement réprimer les rebelles, il fallut que la couronne portugaise réunisse la plus imposante armée jamais vue en Amérique.

Saamp en Jamaïque ; Makandal, chef des insurgés de Saint-Domingue en 1748 ; François Dominique, Toussaint Louverture et Jean-Jacques Dessalines, stratèges de la première révolte d'esclaves réussie du monde moderne qui fit que Haïti devint en 1804 la première république noire indépendante du monde. La révolution haïtienne constitue le point d'orgue d'une chaîne d'insurrections.

Les révoltes d'esclaves, mais aussi leurs résistances multiformes, par le sabotage par exemple, renchérirent les coûts du coton ou du sucre produits dans les plantations. Par ailleurs, les progrès de la révolution industrielle et la Mécanisation du travail firent que la mise en esclavage devint moins rentable. Aux États-Unis, la guerre de Sécession fut moins un conflit entre États abolitionnistes et États esclavagistes qu'entre les États du nord qui avaient engagé le processus d'industrialisation de leur économie et n'avaient plus besoin d'esclaves, mais d'ouvriers pour leurs usines, et les États agricoles du Sud dont l'économie dépendait complètement des esclaves pour produire le coton, principale richesse des plantations.

L'économie fondée sur la révolution industrielle ne se construisit pas pour autant en opposition au modèle de l'économie esclavagiste des plantations. Le capital accumulé grâce à la traite des esclaves fut une des conditions de l'essor des puissances industrielles européennes et étasuniennes. Par ailleurs, l'organisation du travail dans les plantations fut une source d'inspiration pour les capitaines d'industrie. En anglais, le mot anglais « plant » (Plantation) fut d'ailleurs utilisé au début de la révolution industrielle pour désigner les fabriques et les usines. *« En réunissant les travailleurs sous un même toit,* écrit Robin Blackburn, *et en les inféodant à une même discipline, les nouveaux employeurs industriels ont été en mesure de tirer profit de la coopération et de la surveillance – comme s'ils adaptaient le modèle de la plantation.* »[11].

C'est donc sous la pression conjuguée des métamorphoses du capitalisme, de l'insoumission des esclaves et de l'évolution des mentalités qui a accompagné ces changements que l'esclavagisme a été aboli. Mais cette abolition ne mit pas fin à l'exploitation de l'Afrique et des populations africaines. Les États européens qui avaient utilisé l'esclavage pour se développer ont utilisé leur puissance économique et militaire pour imposer et légitimer une nouvelle forme de domination : la colonisation du continent.

L'exception rwandaise

Contrairement à la plupart des pays africains, le Rwanda n'a pas subi le cataclysme social de la traite des esclaves occidentale et arabe. Cette exception de l'histoire africaine est en partie liée à la situation géographique du pays. Le Rwanda est, en effet, un pays de haute altitude (2 500 m en moyenne), situé au cœur de l'Afrique équatoriale. Ses frontières touchent la République démocratique du Congo à l'ouest, l'Ouganda au nord-ouest ; la Tanzanie à l'est, et le Burundi au sud. Il occupe la rive orientale du lac Kivu.

La configuration du relief est celle d'un massif montagneux, hérissé de collines et creusé de nombreux petits lacs. Le long de la frontière avec le Congo s'élèvent des sommets volcaniques dont certains atteignent 4000 m d'altitude.

Éloigné des côtes océanes d'où partaient les expéditions arabes ou européennes, ce territoire était donc doté d'une situation et de frontières naturellement protectrices. Mais, le contexte naturel géographique n'est pas le seul facteur

---

[11] Robin Blackburn, *The Making of New World Slavery. From the Baroque to the Modern 1492-1800,* Londres, Verso, 1997, p. 565.

explicatif de l'exception rwandaise. Le Rwanda était en outre défendu efficacement par ses élites guerrières. Les Arabes de Zanzibar qui lançaient des razzias dans l'intérieur du continent disaient *« qu'il est plus facile d'entrer dans le Rwanda que d'en sortir »* et rapportaient qu'une caravane esclavagiste qui avait essayé de le traverser n'était jamais revenue, et que ses 600 fusils ne lui avaient servi à rien.

Dans le dernier quart du XIXe siècle, où les prétentions civilisatrices de l'Occident industriel mêlaient ambitions mercantiles, missionnaires et militaires, le Rwanda constituait l'une des ultimes terres insoumises du continent africain.

Au cours des siècles, le brassage des populations ainsi que les conquêtes ont abouti à la formation de la nation rwandaise que nous connaissons aujourd'hui. À l'arrivée du comte von Götzen, capitaine de l'armée allemande, à la cour du Mwami Kigeli IV Rwabugili à Kageyo, dans l'après-midi du 29 mai 1984, le royaume du Rwanda avait une existence de plus de trois siècles.

La cohésion du Rwanda précolonial, ou plus précisément celle constatée au XIXe siècle sous le règne de Kigeli IV Rwabugili, reposait principalement sur l'idéologie politique, l'armée, l'administration et les corporations.

L'idéologie politique reposait sur quatre piliers, à savoir une royauté conçue en termes de théocratie, une monarchie bicéphale (roi et reine mère), l'alternance instituée[12] de périodes de conquête destinées à étendre le Rwanda et de

[12] Nous parlons d'alternance « instituée » de périodes de conquête destinées à étendre le Rwanda et de périodes de paix et consolidation des institutions, car le code sacré du royaume – Ubwiru – réglait des cycles politiques de quatre rois portant chacun un nom prédéterminé et performatif correspondant à une fonction guerrière, pacifique, génésique, magique, juridique… Cfr. Jean-Luc Galabert, Les enfants d'Imana. Histoire sociale et culturelle du Rwanda ancien, Éditions Izuba, pp. 122-123.

périodes de paix et consolidation des institutions, et un patriotisme constamment inculqué à la population notamment à travers les institutions littéraires du pays.[13]

Au-delà du Rwanda, la culture politique de la région des Grands Lacs d'Afrique de l'Est a fasciné tous ses observateurs qui ont admiré la sophistication de monarchies qui ont su contrôler de vastes espaces et leurs populations de taille respectable sans disposer ni de l'écriture, ni de la monnaie, ni de la roue.[14]

Les récits historiques des origines du Rwanda invoquent les clans pour identifier les différents groupes qui habitaient le Rwanda. Les Rwandais se sont toujours identifiés par leurs clans, beaucoup plus que par leur groupe ethnique. Le royaume comptait environ dix-huit clans, ubwoko ou amoko au pluriel, parmi lesquels on peut citer les clans Siinga, Zigaaba, Gesera, Nyiginya, Eega, Baanda, Cyaaba, Shaambo, Tsoobe, etc.

Tous parlaient la même langue, partageaient les mêmes coutumes et croyaient en un même Dieu unique « Imana ». Tous étaient multi-classes. Cela signifie que chaque clan comptait en son sein des familles de conditions économiques diverses. Pour reprendre la terminologie coloniale, ils incluaient des lignages hutu, tutsi et twa, dans des proportions variables suivant les clans. Les clans ne disposaient pas de territoires déterminés ; leurs membres étaient dispersés à travers le pays[15]. Le chercheur Jean-Pierre Chrétien note

---

[13] Déo Byanafashe et Paul Rutayisire (sous la direction de), *Histoire du Rwanda, des origines à la fin du XXe siècle*, 2e édition 2016, CNUR, p. 101.

[14] Jean-Pierre Chrétien, *L'Afrique des Grands Lacs, deux mille ans d'histoire*, 2001, Aubier, Collection historique, pp. 70-74.

[15] Marcel d'Hertefelt, *Les clans du Rwanda anciens. Éléments d'ethnosociologie et ethnohistoire*, Musée Royal de l'Afrique Centrale-Tervuren, Belgique. Annales-Série in 8, Sciences Humaines, N°. 70, 1971. pp. 3-26.

qu'au début du XXe siècle lorsqu'on demandait à un Rwandais son identification, il donnait automatiquement le nom de son clan. C'est donc le clan qui a très longtemps représenté l'identité fondamentale dans la conscience des gens[16] et non l'identité dite « ethnique ».[16]

La notion traditionnelle de « ubwoko » prendra une dimension nouvelle lorsque dans les années 1930, l'Administration coloniale belge entreprendra de doter tous les Rwandais d'une carte d'identité bilingue (français/kinyarwanda) y faisant référence. Un glissement de sens se produira alors lorsque le mot « ubwoko » cessera d'être associé aux clans, mais sera traduit par ethnie et renverra dès lors aux mots « Hutu », « Tutsi », « Twa » ou « Naturalisé » selon des critères nécessairement arbitraires puisque ces mots pouvaient se référer aussi à une classe sociale. Cette pièce d'identité sera toujours en vigueur en 1994 lors du Génocide contre les Tutsi. La classification des Rwandais en ethnies artificielles va s'avérer alors lourde de conséquences. Nous parlons d'ethnies artificielles dans la mesure où Hutu, Tutsi et Twa parlent la même langue, ont les mêmes coutumes et vivent sur le même espace géographique, ce qui est le critère d'appartenance à une même ethnie.

Le Rwanda n'est pas un pays fabriqué artificiellement par la colonisation. La tradition orale ainsi que les chercheurs sont unanimes pour dire qu'à l'arrivée des colonisateurs le royaume du Rwanda existait et était bien administré. Les activités économiques – agriculture, élevage et chasse – étaient bien intégrées. Sur le plan économique, il n'y avait ni paupérisation ni chômage de masse. Chacun avait son foyer et son lopin de terre à cultiver[17].

---

[16] Jean-Pierre Chrétien, « Hutu et Tutsi au Rwanda et au Burundi », in Jean Loup Amselle et Elikia M'Bokolo (dir.), Au cœur de l'ethnie. Ethnies, tribalisme et États en Afrique [1985], Paris, La Découverte, 1999, p. 129.
[17] Gasarabwe Édouard, 1978, *Le geste Rwanda*, collection 10/18, Union Générale d'Édition, 1978. pp. 31, 47-48.

Depuis des siècles, les Banyarwandas parlent une même langue, le Kinyarwanda et avaient, avant l'arrivée du christianisme et de l'islam, le même Dieu appelé Imana. Le nom d'Imana a été maintenu par le christianisme pour signifier Jéhovah, God, Dieu, etc. L'animisme, religion de tous les Rwandais, n'avait pas de dogmes écrits auxquels le fidèle doive prêter serment de fidélité. La grande autorité de l'animisme est l'expérience collective. L'homme âgé, l'homme expérimenté, peut, sans en référer à quiconque, se déclarer « umuhanuzi », le prophète ou connaisseur des mystères. Il y avait ainsi des prêtres de l'animisme[18]. Ainsi, l'animisme est une religion et ne peut être réduit à une sorte de paganisme, car les païens sont ceux qui ne croient pas en une puissance divine.

L'ensemble des croyances, communément appelées « animisme », constituait un ciment culturel important dans le royaume du Rwanda. La profonde unité culturelle de l'ancien Rwanda pouvait aussi s'observer dans les différents rituels ainsi que le folklore que partageaient tous les Rwandais, spécialement la danse dite « Intore » qui a fait la notoriété des danseurs rwandais à travers le monde. Les mêmes rites étaient observés par tous, quelle que soit sa place dans la hiérarchie sociale. À titre d'exemple, les rites relatifs à l'intronisation des rois étaient similaires aux rites d'intronisation des patriarches des lignages, les rites de célébration des récoltes étaient célébrés par tous les Rwandais. Les Rwandais se reconnaissaient tous dans leur patrimoine commun de chansons, contes et proverbes.

L'unité culturelle jouait ainsi un rôle important dans la cohabitation pacifique des diverses composantes de la société.

Depuis 1894, début de la colonisation du Rwanda, et 1931 en particulier (déposition du dernier Mwami animiste), la

[18] *Idem.*

culture ancestrale, rendue abominable par la nouvelle théologie chrétienne, s'est petit à petit dégradée, sans disparaître complètement. Le royaume qui avait atteint un si grand degré d'homogénéité va se fissurer, se désintégrer avec le choc colonial malgré plus de trois siècles de brassage des populations, d'intégration sociale et économique. La colonisation a déstructuré totalement la nation rwandaise et rendu très difficile le travail des futurs dirigeants après la période des indépendances. Les mécanismes ayant concouru à la destruction de la nation rwandaise et l'apparition de l'idéologie du génocide à la fin des années 1950 avec ses tragiques conséquences seront présentés dans les prochains chapitres. Nous examinerons également par quels processus d'autres sociétés africaines ont été déstructurées pendant la période coloniale.

II.

Occupation coloniale et accumulation du capital

Pillage des ressources

Si le fléau du commerce triangulaire des esclaves s'est progressivement éteint au cours du XIXe siècle, le continent africain n'en fut pas pour autant libéré et ne put devenir maître de son destin.

Vers 1880, la révolution industrielle et l'amélioration des armes à feu renforcèrent la supériorité économique et militaire des puissances européennes. Celles-ci purent ainsi avoir les moyens de leur nouvelle ambition, à savoir l'occupation de nouveaux territoires en dehors de l'Europe pour s'assurer l'approvisionnement en matières premières et la garantie de nouveaux débouchés pour leurs produits manufacturés.

Plutôt que de s'affronter, les puissances impérialistes, à savoir, la France, la Grande-Bretagne, l'Allemagne, le Portugal, la Belgique, l'Espagne et l'Italie choisirent de se partager l'Afrique. Dans plusieurs parties de l'Afrique, les rois et chefs locaux se sont opposés à l'occupation des nouveaux venus pour défendre leur souveraineté, leur religion et leur mode de vie traditionnel. Mais tous ces rois furent vaincus militairement, tués ou exilés à l'exception de Ménélik d'Éthiopie.

Réunies à Berlin en 1885, les grandes puissances européennes qui venaient d'occuper toute l'Afrique à l'exception de l'Éthiopie, décident des modalités de partage de leurs zones d'influence et d'occupation. Une fois ces principes définis, l'Angleterre, la France, l'Espagne, l'Allemagne, le Portugal, et la Belgique vont se tailler d'immenses territoires qu'ils vont exploiter jusque dans la deuxième moitié du XXe siècle. Les Européens profiteront de l'incapacité des Africains à constituer un front uni de résistance à la colonisation. La formation des empires coloniaux mit un terme aux processus de construction d'États-nations africains, déjà mis à mal par la traite esclavagiste.[19]

Les puissances coloniales ne voulaient plus simplement se livrer au libre-échange, mais bien exercer également une mainmise sur l'Afrique et exploiter les ressources végétales, animales et minérales au seul bénéfice des sociétés commerciales, minières et financières de leurs métropoles.

[19] Amzat Boukari-Yabarat, 2014, *Africa Unite ! Une histoire du panafricanisme*, Éditions La Découverte, Paris, p 43.

Conférence de Berlin, 1885
Source : Getty Images

En pratique, l'incidence du colonialisme sur les populations était visible à travers l'aliénation foncière et l'appropriation des meilleures terres par les colons, la saisie des richesses minières, le travail forcé, l'imposition de cultures obligatoires et un faible prix des produits agricoles, l'imposition d'une fiscalité élevée, le coût élevé des biens importés, la discrimination raciale et la ségrégation, l'insuffisance des structures hospitalières, scolaires et sanitaires.

La colonisation a bouleversé les économies locales et les sociétés autochtones en imposant de la manière la plus brutale qui puisse être, la pire et la plus sauvage des formes d'exploitation capitaliste depuis l'esclavage.

La colonisation du royaume Kongo en est l'exemple le plus cruel. Elle fut le « grand œuvre » de Léopold II, roi de la jeune Belgique créée en 1830 qui rêvait de doter son royaume d'un empire colonial. Après avoir échafaudé divers projets, comme l'achat d'une province en Argentine, le rachat de

Bornéo aux Pays-Bas, ou encore la location des Philippines à l'Espagne, le monarque jeta son dévolu sur le Kongo, et chargea l'explorateur Henry Morton Stanley de remonter le fleuve Congo et de passer avec les chefs locaux des accords qui les subordonnaient à l'autorité du roi des Belges.

Léopold II présenta cette initiative au parlement et à l'opinion publique belges comme une entreprise philanthropique d'ordre privé destinée à améliorer les méthodes de cartographie, prévenir la réémergence du trafic des esclaves sur la côte occidentale de l'Afrique, évangéliser les populations, et fournir un support médical au continent, tout en informant Henry Morton Stanley que son projet réel était de créer un nouvel État, aussi étendu que possible, et d'organiser son exploitation. Il doit être clairement compris, confia Léopold II à l'exécuteur de son plan, que *« dans ce projet, il n'est pas question de garantir le moindre pouvoir politique aux populations nègres. Ce serait absurde. »*[20]

Henry Morton Stanley et ses hommes d'armes s'acquittèrent de leur tâche avec zèle, en usant de la plus grande brutalité et en abattant quiconque s'opposait sur le terrain au projet léopoldien.

Une fois que le titre de « souverain du Congo indépendant » lui fut reconnu, Léopold II organisa l'exploitation de l'ivoire puis du caoutchouc dont l'industrie automobile naissante avait le plus grand besoin. Les colons blancs reçurent la mission d'obliger par tous les moyens chaque village à livrer un quota de caoutchouc. Déroger à cette obligation entraînait tout simplement la mort des récalcitrants. La récolte du caoutchouc étant gérée de manière scrupuleusement comptable, les fonctionnaires de cette industrie devaient justifier toutes leurs dépenses y compris l'usage de chaque balle de fusil qu'ils utilisaient. C'est ainsi

[20] Cité par De Gil Ajasso in *La race noire : Une disparition programmée ?* Édition Du Net, 2017

que se répandit la pratique de couper une main des indigènes exécutés, et aussi celle de couper une main de tout Congolais rebelle pour que les colons puissent tout de même disposer aussi de munitions pour le loisir de la chasse.

Le bilan humain de l'exploitation coloniale sous Léopold II a été estimé à dix millions de morts et de disparus entre 1885 et 1908 soit un tiers de la population congolaise à l'époque. Ce « démocide »[21], presque oublié depuis, fit toutefois scandale au début du XXe siècle. Des écrivains célèbres comme Joseph Conrad, Marc Twain ou Conan Doyle dénoncèrent la sauvagerie du « plus grand crime de tous les temps » perpétré par l'homme blanc au Congo. Suite à ce scandale qui prit des dimensions internationales, Léopold II dut abandonner sa « propriété privée congolaise ». Il la rétrocéda à l'État belge qui promit de mener une politique coloniale plus « raisonnable ». Si le crime contre l'humanité perpétré contre les Congolais fut le pire de la conquête coloniale du XIXe et XXe siècle, la politique de colonisation des autres nations européennes fut également marquée par des pratiques criminelles.

Frontières artificielles et déstabilisation des nations

L'un des résultats de la colonisation de l'Afrique fut de tracer des frontières artificielles à travers tout le continent sans tenir compte du peuplement des territoires, mais en privilégiant uniquement les intérêts des occupants.

---

[21] L'expression "démocide" est de Marc Wiltz, auteur de « Il pleut des mains sur le Congo », 2015, Magellan & Cie Éditions. Le terme « démocide » vise à différencier le crime contre l'humanité perpétré au Congo du crime de « génocide » caractérisé par la volonté de tuer des gens spécifiques. Dans la « tuerie démographique » perpétrée au Congo, « il n'y avait pas une volonté de tuer en particulier ces gens-là. Ça aurait pu être d'autres gens, 500 km plus loin. C'était de l'esclavage déguisé. » commente Marc Wiltz.

Le tracé des frontières coloniales de l'Afrique ne fut pas définitivement arrêté lors de la rencontre des puissances colonisatrices à Berlin. Les négociations s'étalèrent sur deux décennies dans l'ombre des chancelleries coloniales. Les « experts » convoqués établirent les frontières coloniales à coups de crayon sur des cartes imprécises et sans guère se préoccuper des traditions culturelles et politiques antérieures à l'ordre nouveau qu'elles entendaient imposer.

Le partage de l'Afrique centrale a été argumenté par la théorie des bassins hydrographiques. C'est ainsi que le bassin de l'Ogooué donne, dans l'ensemble, une unité formelle au Gabon. Ailleurs, le tracé des frontières ne s'est pas embarrassé de justifications naturalistes.

La délimitation, orthogonale à la côte, du territoire de certains pays côtiers correspondait à la volonté des puissances coloniales de drainer les richesses vers les ports (Ghana, Côte d'Ivoire, Nigeria, Cameroun), ou à celle de donner aux zones sahéliennes un débouché sur la mer (Bénin, Gambie, Togo).

Ailleurs encore, la frontière a simplement balisé un état des rapports de forces militaires entre puissances coloniales.

Le cas du Rwanda illustre bien ce phénomène.

C'est dans l'après-midi du 29 mai 1894 que le premier Européen est arrivé à la cour du Mwami Kigeli IV Rwabugili (1853-1895) qui séjournait à Kageyo dans le District actuel de Nyabihu. Le Comte Gustave Adolf von Götzen, officier de l'armée allemande était entrée au Rwanda le 3 mai 1894 par la frontière tanzanienne. À Rwamagana, il fut reçu par Sharangabo le fils du mwami qui avait pour mission de le conduire à Kageyo[22]. Le Mwami Rwabugili ne savait certainement pas qu'à la conférence de Berlin de 1885, où les grandes puissances européennes s'étaient partagé l'Afrique, le royaume du Rwanda avait été confié à l'Empire allemand.

---

[22] Déo Byanafashe et Paul Rutayisire, 2016 *op. cit.*

L'arrivée des Allemands au Rwanda se fit de façon pacifique parce que le Mwami avait été informé de la supériorité militaire des nouveaux venus et avait donné ordre à ses troupes de ne leur opposer aucune résistance.

Comme pour de nombreuses autres nations africaines historiques, la colonisation du royaume rwandais entraîna non seulement une perte de souveraineté pour le pays, mais également une perte de territoires importants.

D'après le professeur Ndeshyo Rurihose Oswald, la frontière entre le Congo belge et le Rwanda a été redessinée par la convention de Bruxelles du 11 août 1910. Cette convention a été approuvée par la loi du 14 juin 1911. Il poursuit en disant que, suite aux accords tripartites de 1912 entre les Belges pour le Congo, les Anglais pour l'Ouganda et les Allemands pour le Rwanda, il a été décidé que le point culminant du mont Sabyinyo, situé en plein royaume du Rwanda, serve de point d'intersection des lignes de démarcation des colonies des trois puissances susmentionnées. Les témoignages, oraux et écrits, sont unanimes pour reconnaître que ce bornage, délibérément arbitraire, a laissé sur le terrain :

1. Le « Rwanda allemand » (actuelle république du Rwanda) ;

2. Le « Rwanda belge » (les actuels territoires de Rutshuru, Goma, Masisi et l'île d'Idjwi) dans l'actuelle République démocratique du Congo ;

3. Le « Rwanda anglais » (actuelle région du Bufumbira, District de Kigezi, en Ouganda).

Parmi les témoignages écrits, il cite deux auteurs bien connus : René Bourgeois dans son ouvrage intitulé *Banyarwanda et Barundi*, (1953, p. 38) et le Chanoine L. Lacger dans son livre, *Le Rwanda ancien*, (1939, p. 41,I). C'est pendant la Première Guerre mondiale, et plus précisément en 1916, que le « Rwanda allemand », l'actuelle république du Rwanda, fut occupé de fait par la Belgique. L'armée belge, avec dans ses rangs les soldats congolais de la Force publique (F.P), avait défait l'armée allemande et occupé une partie de l'Afrique orientale allemande, entre autres, les deux royaumes du Rwanda et du Burundi, qui avaient été occupés durant vingt ans par l'Allemagne. Il forma, avec le royaume du Burundi, le « Territoire du Ruanda-Urundi », administré par la Belgique en vertu des Accords de paix de 1919, le Traité de Versailles ainsi que le Traité de Saint-Germain-en-Laye de 1919. Le 20 juillet 1922, le Ruanda-Urundi fut transformé par la Société des Nations en territoire sous régime de mandat. Seul le « Rwanda anglais » (District de Kigezi en Ouganda), est demeuré hors de l'Afrique belge.

À partir de 1926, il sera une région administrative du Congo belge et le gouverneur général belge en résidence à Léopoldville sera également chargé du Ruanda-Urundi.

À Usumbura séjournera un vice-gouverneur général, qui exercera également les fonctions de gouverneur du Ruanda-Urundi.

Après la Seconde Guerre mondiale, quand les Nations unies ont remplacé la Société des Nations, la Belgique s'est vu confier la tutelle du Ruanda-Urundi. Cela signifie que le Royaume de Belgique devait préparer les territoires sous sa tutelle à l'indépendance, sous la surveillance des Nations unies.[23]

Globalement, la question des frontières artificielles héritées de la colonisation est un fait établi que les États africains doivent bien gérer en attendant qu'un jour l'Afrique puisse réussir son intégration politique et économique. En attendant, des frontières artificielles continueront à séparer les familles à travers tout le continent.

---

[23] *Idem.*

En 1900, les missionnaires d'Afrique (Pères blancs) arriveront au Rwanda et vont fonder la première mission catholique à Save dans l'actuel District de Gisagara. C'est la première rencontre du Rwanda avec le christianisme. La Société des missionnaires d'Afrique avait été fondée en 1868 par Monseigneur Charles Martial Lavigerie qui sera élevé à la dignité de cardinal en 1882. Ces missionnaires étaient français pour la plupart. Dans la première moitié du XXe siècle, les Pères blancs vont christianiser plus de 70 % de la population du Rwanda et, de ce fait, ils vont influer considérablement sur l'avenir du pays.

La cohabitation du pouvoir colonial et de l'autorité traditionnelle du Mwami s'est passée sans heurts majeurs pendant la courte période de l'occupation allemande (1894-1916) qui utilisait une administration indirecte. Durant cette période, le pouvoir royal a ainsi gardé une forte emprise morale sur le peuple rwandais qui se reconnaissait en lui malgré l'occupation. En 1916, pendant la Première Guerre mondiale (1914-1918), les Belges venus du Congo voisin occupent le royaume du Rwanda abandonné par les troupes allemandes qui se retirent vers la Tanzanie. En 1919, le Traité de Versailles attribue le Rwanda à la Belgique. En 1922, la Société des Nations confie à la Belgique un mandat de tutelle.

L'arrivée des Belges lors de la Première Guerre mondiale en 1916, va changer totalement la donne parce que l'administration belge s'exercera plus directement, tout d'abord sous le régime du mandat (1922-1945) ensuite sous le régime de la tutelle (1945-1962).

Le premier choc s'est produit lorsque l'action combinée du pouvoir de l'administration belge et de la toute puissante Église catholique a abouti à la décision de la destitution, le 12 novembre 1931, du dernier Mwami animiste Yuhi V Musinga pour avoir refusé de se faire baptiser et osé critiquer les pratiques brutales des missionnaires au Rwanda. Il sera d'abord déporté à Kamembe face à la ville congolaise de Bukavu. Suite à une résistance dans une certaine frange de la population, notamment les protecteurs de la tradition, le gouverneur général prit une ordonnance le 18 juin 1940 de reléguer le Mwami Yuhi V Musinga au Congo belge près de Kalemie (ex-Albertville) dans la contrée de Moba où il mourut le 25 décembre 1944.

Le 16 novembre 1931, le Mwami Charles Léon Pierre Rudahigwa Mutara III, fils du Mwami Musinga Yuhi V et converti au christianisme, avait alors succédé à son père. Ses bonnes relations avec l'Église catholique et la Belgique ne résisteront pas au temps ; elles se sont détériorées après la Deuxième Guerre mondiale à l'approche de la période des indépendances. Les missions catholiques prennent de plus en plus de l'importance dans le pays et se chargent de l'éducation sur tout le territoire. Elles introduisent un principe discriminatoire dans les études considérant qu'une partie de la jeunesse qu'elle considère issue d'une race des seigneurs doit être formée pour pouvoir seconder l'administration coloniale tandis que la majorité de la jeunesse qu'elle stigmatise comme racialement inférieure doit se contenter d'études moins poussées pour occuper des postes subalternes.

Conseillère de l'autorité coloniale, l'Église qui considère avoir une expertise sur la société rwandaise influence la réforme de l'administration coloniale sur une base raciste.

La réforme Mortehan, va détruire les subtils équilibres des institutions rwandaises en destituant les chefs et sous-chefs traditionnels hutu, twa et tutsi et en supprimant la trilogie administrative des chefs des terres, chefs des éleveurs et chefs d'armée. Elle crée une nouvelle administration organisée selon les logiques de la gestion coloniale du territoire et, sur la base de son fantasme racialiste, confie à certains jeunes Tutsi éduqués dans les internats catholiques la charge de remplacer les anciens chefs et d'exécuter les ordres des administrateurs coloniaux.[24]

En dépit de la difficulté de faire coïncider le fantasme de division de la population en trois races, avec une réalité sociale fluide et mouvante, l'administration coloniale édicte des critères d'assignation raciale pour les habitants et institue une carte d'identité ethnique.

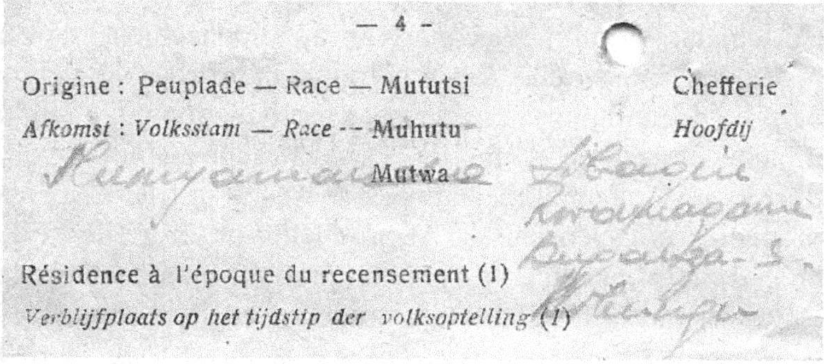
— 4 -

Origine : Peuplade — Race — Mututsi — Chefferie
Afkomst : Volksstam — Race -- Muhutu — *Hoofdij*
Mutwa

Résidence à l'époque du recensement (1)
Verblijfploats op het tijdstip der volksoptelling (1)

Extrait de la quatrième page du livret d'identité

Si le Rwanda n'a pas été atteint par la traite négrière, la période coloniale fut par contre très éprouvante pour ce royaume d'Afrique centrale. Au pays des mille collines comme partout ailleurs en Afrique, la destruction du mode d'organisation politique, sociale et économique des sociétés traditionnelles africaines s'est accompagnée d'une destruction des valeurs culturelles et spirituelles qui fondaient

---

[24] Cf. Byanafashe Déogratias et Rutayisire Paul, (sous la direction de), *Histoire du Rwanda, des origines à la fin du XXe siècle*. Commission pour l'Unité et la Réconciliation, 2e édition, 2016.
Georges Mortehan est un administrateur colonial qui a servi au Rwanda de 1920 à 1929 comme Résident. Il a collaboré avec Charles Voisin, Vice-Gouverneur du Ruanda-Urundi sur la réforme administrative. Mgr. Léon-Paul Classe Vicaire apostolique a joué un rôle déterminant de conseiller dans cette réforme.

la vie sociale au sein de chaque nation. Cette destruction sera un lourd handicap pour l'Afrique après les indépendances et il faudra repartir de zéro dans tous les domaines.

Accumulation du capital

D'un point de vue macro-économique, la traite des esclaves et l'esclavage ont eu pour effet l'accumulation de capitaux dans les pays tirant profit de la traite des esclaves. Ce capital primitif a contribué au financement de la révolution industrielle. La révolution industrielle a donné naissance à un nouveau processus de production qui a rendu moins rentable l'économie fondée sur l'esclavage. Le besoin d'investir le capital accumulé, de disposer de matières premières indispensables à la production industrielle et de créer de nouveaux marchés pour les produits manufacturés de l'industrie nouvelle a motivé la colonisation de l'Afrique.

Comme dit plus haut, la traite des esclaves a désarticulé les sociétés africaines et enrayé la dynamique de leur développement propre. L'entreprise coloniale a parachevé la destruction des sociétés africaines en soumettant l'ensemble à l'ordre économique et politique que les pays colonialistes entendaient mondialiser et imposer comme modèle unique sur la planète. Dans ce nouvel ordre économique mondial, les puissances coloniales se sont attribué le rôle de producteurs de biens manufacturés et l'Afrique s'est vu assigner de produire des matières premières requises par les industries en Europe. Cela explique pourquoi, jusqu'à aujourd'hui encore, l'industrie est si peu développée en Afrique.

Le rôle de l'économie des États africains sur le marché mondial ou dans le commerce international reste la production de biens primaires et de produits agricoles.

L'ordre colonial et marchand s'est imposé à des sociétés africaines qui avaient leurs propres principes de fonctionnement.

L'économie africaine était essentiellement basée sur des systèmes d'échange non monétaires, notamment le troc. Pour les autorités coloniales, une des premières priorités fut de monétariser les économies africaines afin qu'elles s'alignent sur les normes du commerce international. La monnaie a été introduite puis imposée comme le seul moyen d'échange officiel acceptable et, pour la faire respecter, le colonisateur a dû prendre le contrôle direct de l'administration des colonies africaines.

Le contrôle direct de l'économie et de l'administration des colonies permit également au colonisateur de s'assurer que les technologies localement développées servent uniquement à la production de biens primaires ou de matières premières agricoles nécessaires aux industries européennes. À aucun moment il ne fut question que les sociétés colonisées développent une industrie propre tournée vers les besoins locaux.

Que les Africains « acceptent » de se soumettre aux projets économiques des colons, et « adhèrent » à un ordre social fondé sur la monnaie n'allaient pas de soi. Pour imposer leur nouvel ordre, les colons ont utilisé de manière variable plusieurs stratégies :

L'une d'entre elles fut de priver une partie de la population de ses moyens d'existence. L'appropriation des meilleures terres par les colons fut un moyen radical et efficace. Les personnes dépossédées de leurs terres n'avaient d'autre moyen de survie ou de subsistance que de travailler pour les colons.[25]

---

[25] Les expropriations au profit d'une économie de plantation furent particulièrement fréquentes surtout sur les hautes terres du Kenya et du Tanganyika, au Congo belge, au Cameroun, en Rhodésie et en Afrique du

La coercition et le travail forcé furent également largement utilisés dans toutes les colonies. Dans l'empire colonial français, la généralisation du travail forcé devint une disposition légale du Code de l'indigénat à partir de 1887. Le recours au travail forcé perdura jusqu'en 1946 où ce code fut aboli par une loi portée par Félix Houphouët-Boigny lorsqu'il était député à l'Assemblée nationale et membre de la Commission des territoires d'outre-mer. Pour ne prendre qu'un exemple emblématique, la construction du chemin de fer de Brazzaville ne fut possible que par le recrutement contraint. Dans un article publié par *Le Petit Parisien* en 1928, le célèbre journaliste Albert Londres écrit que ce chantier a entraîné « *dix-sept mille morts, sous les coups de la meute hystérique des contremaîtres européens et de leurs tirailleurs sénégalais, eux-mêmes exténués par les épidémies* ».[26]

Une stratégie particulièrement efficace fut de généraliser diverses taxes qui devaient être réglées en monnaie. En Sierra Leone, par exemple, une lourde taxe sur les huttes fut imposée[27]. Sa collecte était sévèrement contrôlée. Afin de gagner de l'argent pour la payer, les Africains devaient vendre leur travail aux colons blancs. Lorsque la taxation ne permettait pas d'obtenir une offre suffisante de main-d'œuvre africaine, des ordonnances astreignaient les personnes aux travaux obligatoires.

Sud. Les plantations étaient la propriété des Blancs. Dans la plupart des cas, les colons exproprièrent les Africains, qui furent réduits à fournir la main-d'œuvre nécessaire à l'exploitation.

[26] Le reportage paru dans les colonnes du *Petit Parisien* sous le titre « Quatre mois parmi nos Noirs d'Afrique », en octobre et novembre 1928, a été publié l'année suivante par l'éditeur Albin Michel sous le titre *Terre d'ébène*.

[27] Stephen Ocheni & Basil C. Nwankwo, Analysis of Colonialism and its impact in Africa, *Cross-Cultural Communication*, Vol. 8, No. 3, 2012, pp. 46-54.

La fiscalité, sous la forme introduite par les colonisateurs européens, était étrangère à la plupart des Africains. Certaines communautés africaines, payaient des impôts à leurs dirigeants, mais en nature ou en services et ils étaient généralement assumés par la famille ou le lignage et non par des individus. L'autorité coloniale, elle, a insisté pour que les Africains paient leurs impôts en monnaie coloniale.

N'étant pas autorisés à payer leurs impôts en nature, en utilisant leurs propres productions, les Africains étaient indirectement contraints de mettre leur force de travail à la disposition du colonisateur dans ses maisons, ses industries, ses mines et ses plantations afin de gagner l'argent nécessaire au paiement de leurs impôts.

Non seulement l'imposition de taxes dues en monnaie coloniale a permis de constituer une main-d'œuvre au service des colons, mais elle a permis que les colonisés eux-mêmes contribuent à financer leur propre exploitation. Les puissances coloniales souhaitaient utiliser le moins possible leurs propres fonds pour gérer les territoires coloniaux et l'administration. Leur politique était que tout ce qui était dépensé pour faire fonctionner l'administration coloniale devait être levé et généré localement.

Tout en introduisant et en rendant la monnaie obligatoire comme unité des échanges économiques, les colons ont fait en sorte que la monnaie soit difficile à obtenir pour les Africains. Pour ce faire, ils ont d'une part fait en sorte que les salaires versés aux « indigènes » et les prix des matières premières et des produits agricoles produits par les Africains restent très bas. D'autre part, les colons ont fait en sorte que les prix des produits en provenance des métropoles soient très élevés. En conséquence, les Africains continuaient à travailler dur et à mettre leur force de travail à la disposition des colonialistes afin de profiter d'une maigre partie des produits étrangers dont ils avaient besoin. Ce faisant, les Africains ne pouvaient que continuer à s'appauvrir, quand les profits des colons ne cessaient d'augmenter.

Si la coercition fut un ressort essentiel de la colonisation, elle n'aurait pu à elle seule assurer l'emprise étrangère sur les sociétés africaines. Celle-ci s'est aussi appuyée sur la promotion de l'idéologie de la supériorité de la civilisation de l'homme blanc, la supériorité de l'écriture et des savoirs qui en sont issus sur l'oralité et le patrimoine de connaissance qu'elle véhicule. L'emprise coloniale s'est aussi établie sur un discours de la promesse : promesse du salut dans l'au-delà enseignée par les Églises ; promesse d'un « progrès » et d'une prospérité à venir par la scolarisation, l'urbanisation, le développement d'infrastructures et d'équipements (ports, routes, hôpitaux...).

L'État colonial s'est vanté de permettre aux Africains d'évoluer en leur permettant d'être christianisés et scolarisés, mais il a limité l'accès à l'école et en particulier aux études supérieures à une infime minorité. Il s'est enorgueilli d'apporter des connaissances scientifiques et techniques inédites en Afrique, mais a limité leur diffusion et ne leur a pas permis de rendre les sociétés africaines autonomes.

Cette manipulation par la promesse visait à rendre le modèle civilisationnel blanc désirable et à ancrer un complexe d'infériorité chez les Africains. La création d'une catégorie d'Africains « évolués » ayant intégré les codes sociaux des colons et dépréciant les us et coutumes de leurs ancêtres actera la réussite de l'emprise idéologique coloniale.

Le discours civilisateur avait aussi pour fonction d'obtenir l'adhésion des populations des métropoles au projet colonial. Sa rhétorique a été efficace sur les imaginaires à défaut de l'être dans les faits.

Pour conclure cette partie, nous pouvons dire que c'est en s'appuyant sur les empires coloniaux, que l'ordre économique atlantique a pu s'étendre sur le reste du monde pour produire l'ordre économique mondial du XXe siècle dont on est en droit de dire qu'il s'est entre autres construit au départ avec la sueur et le sang des Africains. Beaucoup de grandes fortunes se sont construites à cette époque et se sont ensuite transmises de génération en génération jusqu'à nos jours.

Par ailleurs, il faut noter que sur un plan purement économique, la marche vers la mondialisation venait de démarrer comme nous le verrons dans les chapitres suivants.

III.

Décolonisation et marche vers l'indépendance

Genèse du panafricanisme

On ne peut aborder correctement la question de la décolonisation du continent africain sans invoquer le mouvement de la Négro-Renaissance (« New Negro Movement ») qui commence au début du XXe siècle en Amérique et dans les Caraïbes à l'initiative de grands écrivains tels que William Edward Burghardt Du Bois dit « W. E. B. Du Bois », Langston Hugues, Claude Mac Kay, Countee Cullen etc., et qui aura une grande influence sur les futures élites africaines après la Première Guerre mondiale. Nous citerons ci-après de larges extraits de l'anthologie négro-africaine de Lilyan Kestelot qui a eu le mérite d'immortaliser cette époque fondatrice de notre indépendance politique actuelle[28].

---

[28] Lilyan Kesteloot, 1967, Anthologie négro-africaine, Collection Marabout Université, Éditions Gerard & Co, Verviers (Belgique).

Leaders du mouvement de la « Négro-Renaissance réunis à Fort Erie au Canada en 1905. De gauche à droite, rang du haut : H. A. Thompson, Alonzo F. Herndon, John Hope, James R. L. Diggs. Rang de milieu : Frederick McGhee, Norris B. Herndon (boy), J. Max Barber, W. E. B. Du Bois, Robert Bonner. Rang du bas : Henry L. Bailey, Clement G. Morgan, W. H. H. Hart, B. S. Smith.
Source : Getty Images

Le succès public auprès de la communauté noire américaine du livre *The Souls of Black Folk* : « Les Âmes du peuple noir » de W.E.B Du Bois[29], publié en 1903, a eu pour conséquence de fédérer un groupe d'intellectuels et de créer sur le plan littéraire le mouvement dénommé la « Négro- Renaissance ».

La Négro-Renaissance réclamait pour les Noirs d'Amérique les droits civiques comme le droit de vote, le

[29] *Les Âmes du peuple noir* de W.E.B Dubois a été réédité, en 2007 par les éditions La découverte.

droit à l'instruction et avait pour objectifs premiers la lutte contre :

– La discrimination (le racisme, la marginalisation des Noirs, l'aliénation) ;

– La revendication de tous les droits particuliers accordés à tout Américain de naissance ;

– La réhabilitation de l'ensemble des valeurs relatives aux Noirs.

Du Bois sera secrétaire de la première conférence panafricaine organisée à Londres par le juriste trinidadien Henry Sylvester Williams du 23 au 25 juillet 1900 à Londres, et à la mort de celui-ci, Du Bois prendra, de 1919 à 1945, la direction de ce mouvement, qui protestait notamment contre la politique impérialiste en Afrique, revendiquait également l'égalité des droits civiques entre Afro-américains et WASP-Américains[30].

L'influence de Du Bois fut énorme. Blaise Diagne, George Padmore, Nnamdi Azikiwe, Kwame Nkrumah et Jomo Kenyatta furent ses héritiers africains les plus directs et leurs idées ont rayonné sur tout le continent africain. WEB Dubois poussera son engagement panafricaniste jusqu'à s'installer au Ghana indépendant dirigé par Kwame Nkrumah et à adopter la nationalité ghanéenne.

Révolutionnaire non seulement dans le style, la Négro-Renaissance se réclamera de mouvements aussi divers que le communisme en Russie et l'action de Gandhi aux Indes, de la justice chrétienne et de la révolte du prolétariat. Elle est le premier grand cri nègre qui attirera l'attention du monde entier. Son influence gagnera de proche en proche les Antilles françaises, Cuba, Haïti, puis la France où s'ébauche la jeune élite des colonies africaines.

---

[30] Américains blancs d'origine européenne (White Anglo-Saxons Protestants)

Le Sénégalais Alioune Diop va fonder en 1947 la revue « Présence africaine » qui va jouer un rôle déterminant dans ce mouvement parce que les grands intellectuels vont y trouver un espace pour s'exprimer. En septembre 1956, Alioune Diop organisera le premier congrès des écrivains et artistes noirs à la Sorbonne (Paris). Seront présent Amadou Hampathé Bâ (Mali), Léopold Sedar Senghor et Cheikh Anta Diop (Sénégal), Aimé Césaire et Frantz Fanon (Martinique), Marcus James (Jamaïque), Richard Wright (Amérique), Jean Price-Mars (Haïti), etc. Les meilleurs représentants du monde intellectuel noir de part et d'autre de l'océan Atlantique étaient présents lors de ce congrès.

Voici pour mémoire un extrait du discours introductif de ce congrès, d'Alioune Diop :

« Ce jour sera marqué d'une pierre blanche. Si depuis la fin de la guerre la rencontre de Bandoeng constitue pour les consciences non européennes l'évènement le plus important, je crois pouvoir affirmer que ce premier congrès mondial des hommes de culture noirs représentera pour nos peuples le second évènement de cette décade.

Les dix dernières années de l'histoire ont été marquées par des changements décisifs pour le destin des peuples non européens, et notamment de ces peuples noirs que l'Histoire semble avoir voulu traiter de façon cavalière, je dirais même résolument disqualifier, si cette histoire, avec un grand H, n'était pas l'interprétation unilatérale de la vie du monde par l'Occident seul.

Il demeure cependant que nos souffrances n'ont rien d'imaginaire. Pendant des siècles, l'évènement dominant de notre histoire a été la terrible traite des esclaves. C'est le premier lien entre nous congressistes qui justifie notre réunion ici. Noirs des États-Unis, des Antilles et du continent africain, quelle que soit la distance qui sépare parfois nos univers spirituels, nous avons ceci d'incontestablement commun que nous descendons des mêmes ancêtres. La couleur de peau n'est qu'un accident : cette couleur n'en est pas moins responsable d'évènements et d'œuvres, d'institutions, de lois éthiques qui ont marqué de façon indélébile nos rapports avec l'homme blanc (...) ».

Aimé Césaire né en 1913 à la Martinique va jouer un rôle majeur dans ce mouvement. Nous reproduisons ci-dessous deux extraits qui permettent de comprendre la profondeur de sa pensée et le degré de son engagement.

Discours sur le colonialisme[31] (Extrait)

Il paraît que, dans certains milieux, l'on a feint de découvrir en moi un « ennemi de l'Europe » et un prophète du retour au passé anti-européen.

Pour ma part, je cherche vainement où j'ai pu tenir de pareils discours ; où l'on m'a vu sous-estimer l'importance de l'Europe dans l'histoire de la pensée humaine ; où l'on m'a entendu prêcher un quelconque retour ; où l'on m'a vu prétendre qu'il pouvait y avoir retour.

La vérité est que j'ai dit tout autre chose, à savoir que le grand drame historique de l'Afrique a moins été sa mise en contact trop tardive avec le reste du monde, que la manière dont ce contact a été opéré ; que c'est au moment où l'Europe est entre les mains des finances et des capitaines d'industrie les plus dénués de scrupules que l'Europe s'est « propagé » ; que notre malchance a voulu que ce soit cette Europe-là que nous avions rencontrée sur notre route et que l'Europe est comptable devant la communauté humaine du plus haut tas de cadavres de l'histoire.

Par ailleurs, jugeant l'action colonisatrice, j'ai ajouté que l'Europe a fait fort bon ménage avec tous les féodaux

[31] Lilyan Kesteloot, 1967, Anthologie négro-africaine, Collection Marabout université, Éditions Gérard & Co, Verviers (Belgique), p. 107.

indigènes qui acceptaient de servir ; ourdi avec eux une vicieuse complicité ; rendu leur tyrannie plus effective et plus efficace, et que son action n'a tendu à rien de moins qu'à artificiellement prolonger la survie des passés locaux dans ce qu'ils avaient de plus pernicieux.

J'ai dit – et c'est très différent – que l'Europe colonisatrice a ajouté l'abus moderne sur l'antique injustice ; l'odieux racisme sur la vieille inégalité.

Que si c'est un procès d'intention que l'on me fait, je maintiens que l'Europe colonisatrice est déloyale à légitimer a posteriori l'action colonisatrice par des évidents progrès matériels réalisés dans certains domaines sous le régime colonial, attendu que la mutation brusque est chose toujours possible, en histoire comme ailleurs ; que nul ne sait à quel stade de développement matériel eussent été ces mêmes pays sans l'intervention européenne ; que l'équipement technique, la réorganisation administrative, « l'européanisation » en un mot, de l'Afrique et de l'Asie n'étaient – comme le prouve l'exemple japonais – aucunement liés à l'occupation européenne ; que l'européanisation des continents non européens pouvait se faire autrement que sous la botte de l'Europe ; qu'en tout cas elle a été faussée par la mainmise de l'Europe. » [...]

J'admets que mettre les civilisations différentes en contact les unes avec les autres est bien ; que marier des mondes différents est excellent ; qu'une civilisation, quel que soit son génie intime, à se replier sur elle-même, s'étiole ; que l'échange est ici l'oxygène, et que la grande chance de l'Europe est d'avoir été un carrefour [...].

Mais alors, je pose la question suivante : la colonisation a-t- elle vraiment mis en contact ? ou, si l'on préfère, de toutes les manières d'établir le contact, était-elle la meilleure ?

Je réponds non. Et je dis que de la colonisation à la civilisation, la distance est infinie ; que, de toutes les expéditions coloniales accumulées, de tous les statuts coloniaux élaborés, de toutes les circulaires ministérielles expédiées, on ne saurait réussir une seule valeur humaine.

Il faudrait d'abord étudier comment la colonisation travaille à déciviliser le colonisateur, a l'abrutir au sens propre du mot, à le dégrader, à le réveiller aux instincts enfouis, à la convoitise, à la violence, à la haine raciale, au relativisme moral, et montrer que, chaque fois qu'il y a au Vietnam une tête coupée et un œil crevé et qu'en France on accepte, une fillette violée et qu'en France on accepte, un Malgache supplicié et qu'en France on accepte, il y a un acquis de la civilisation qui pèse de son poids mort, une régression universelle qui s'opère, une gangrène qui s'installe, un foyer d'infection qui s'étend et qu'au bout de tous ces traités violés, de tous ces mensonges propagés, de toutes ces expéditions punitives tolérées, de tous ces prisonniers ficelés et « interrogés », de tous ces patriotes torturés, au bout de cet orgueil racial encouragé, de cette jactance étalée, il y a le poison instillé dans les veines de l'Europe, et le progrès lent, mais sûr, de l'ensauvagement de ce continent. »

Lettre à Maurice Thorez[32] (Extrait)

Nous voulons que nos sociétés s'élèvent à un degré supérieur de développement, mais d'elles-mêmes, par croissance interne, par nécessité intérieure, par progrès organique, sans que rien d'extérieur ne vienne gauchir cette croissance, ou l'altérer ou la compromettre. Dans ces

[32] Lilyan Kesteloot, 1967, *Anthologie négro-africaine, op. cit.* p. 108. Ndlr : Maurice Thorez était alors le premier secrétaire du parti communiste français. Par cette lettre, Aimé Césaire rompit en 1956 avec ce parti au sein duquel il avait milité pendant douze ans.

conditions, on comprend que nous ne puissions donner à personne délégation pour penser pour nous ; délégation pour chercher pour nous ; que nous ne puissions désormais accepter que qui que ce soit, fut-il le meilleur de nos amis, se porte fort pour nous.

Je crois en avoir assez dit pour faire comprendre que ce n'est ni le marxisme ni le communisme que je renie, que c'est l'usage que certains ont fait du marxisme et du communisme que je réprouve.

Ce que je veux, c'est que le marxisme et le communisme soient mis au service des peuples noirs, et non les peuples noirs au service du marxisme et du communisme. Que la doctrine et le mouvement soient faits pour les hommes, non les hommes pour la doctrine ou pour le mouvement. Et bien entendu cela n'est pas valable pour les seuls communistes. Et si j'étais chrétien ou musulman, je dirais la même chose. Qu'aucune doctrine ne vaut que repensée par nous, que repensée pour nous, que convertie à nous. Cela a l'air d'aller de soi. Et pourtant dans les faits cela ne va pas de soi. Et c'est ici une véritable révolution copernicienne qu'il faut imposer, tant est enracinée en Europe, et dans tous les partis, et dans tous les domaines, de l'extrême droite à l'extrême gauche, l'habitude de disposer pour nous, l'habitude de penser pour nous, bref l'habitude de nous contester ce droit à l'initiative et qui est en définitive le droit à la personnalité.

Durant le XXe siècle, les Africains vont emboîter le pas aux Antillais sur la voie de la littérature. Parmi les plus éminents, citons Léopold Sédar Senghor, Alioune Diop, Cheikh Anta Diop, Kwame Nkrumah...

Au départ les écrivains et poètes africains avaient des préoccupations culturelles. Cependant, par le biais de la culture, ils vont être amenés à poser le problème de la colonisation. La littérature négro-africaine deviendra militante et va ainsi déclencher la Révolution nègre contre l'oppression culturelle autant que politique de l'occident.

Kwame Nkrumah est considéré comme le mentor du nationalisme des futures républiques nègres. Ses œuvres principales sont « l'Afrique doit s'unir »[33] et « Le consciencisme »[34]. Pour le président philosophe traiter chaque être humain comme une fin en soi et non comme un simple moyen, était le principe moral de base de la philosophie de la décolonisation qu'il appelait « consciencisme » et qu'il définissait comme *« l'ensemble de l'organisation des forces qui permettent à la société africaine d'assimiler les éléments occidentaux, musulmans et euro-chrétiens présents en Afrique et de les transformer de façon qu'ils s'insèrent dans la personnalité africaine ».*[35]

Dans ses écrits, Nkrumah a mis au point une méthode révolutionnaire pour libérer son pays, et il a établi les lignes de force de l'idéologie politique qu'il comptait pratiquer après l'indépendance. Il a également fait l'analyse du colonialisme et néocolonialisme et a instruit sa condamnation sans recours ; il a dénoncé en particulier, comme alibis, tous les atermoiements que suscitaient les colonisateurs afin de retarder l'échéance des indépendances. Il jouera un rôle primordial dans le mouvement panafricain.

Jomo Kenyatta, dans son livre intitulé « Au pied du Mont Kenya » paru en 1937, contribua à former la conscience des intellectuels ; il analysait le fonctionnement de la société traditionnelle et montrait le bien-fondé de la plupart des

---

[33] Édition Payot, collection « Études et Documents », Paris 1964.

[34] Kwame Nkrumah, *Le consciencisme, Philosophie et idéologie pour la décolonisation et le développement, avec une référence particulière à la Révolution africaine*, Éditions Payot, 1964, réédité par Présence Africaine en 1976.

[35] *Idem.*

coutumes et des institutions que la colonisation était en train de détruire[36].

Peter Abrahams dans ses romans dont « Rouge est le sang des Noirs » va révéler, dès 1956, le problème de l'apartheid en Afrique du Sud dans toute son acuité et sa complexité[37].

Cheikh Anta Diop publie en 1954 son livre « Nations nègres et culture » et va, dans ses travaux, démontrer l'antériorité des civilisations nègres par rapport aux autres civilisations. Il aborde la question de l'indépendance de l'Afrique, la création d'un état fédéral continental africain, l'origine nègre de la civilisation égypto-nubienne, l'identification des grands courants migratoires, la formation des ethnies africaines, etc.[38]

Frantz Fanon, médecin psychiatre martiniquais rallie les maquis du Front de libération nationale algérien (FLN) et publie « Les damnés de la terre », livre qui va inspirer la pensée révolutionnaire africaine[39]. Avec sa préface de Jean-Paul Sartre, le livre aura une grande audience auprès des leaders africains.

Considérant l'influence de l'œuvre de Frantz Fanon sur les indépendantistes africains et aussi sur les leaders du Black Panther Party américain, nous citons ci-après quelques extraits de ses écrits[40] :

« Les nations européennes se vautrent dans l'opulence la plus ostentatoire. Cette opulence européenne est littéralement scandaleuse, car elle a été bâtie sur le dos des esclaves, elle s'est nourrie du sang des esclaves, elle vient en

---

[36] Jomo Kenyatta, *Au pied du Mont Kenya*, François Maspero, 1973.
[37] Peter Abrahams, *Rouge est le sang des Noirs*, Casterman, 1996.
[38] Cheikh Anta Diop, *Nations nègres et culture*. Présence Africaine, 1999.
[39] Frantz Fanon, 1961, *Les damnés de la terre*, Maspero.
[40] Ces extraits ont été publiés dans un article de Pierre Houpert en hommage à Frantz Fanon publié par la Revue *Jeune Afrique* le 6 décembre 2016.

droite ligne du sol et du sous-sol de ce monde sous-développé. Le bien-être et le progrès de l'Europe ont été bâtis avec la sueur et les cadavres des Nègres, des Arabes, des Indiens et des Jaunes. [...] *La colonisation est une négation systématisée de l'autre, une décision forcenée de refuser à l'autre tout attribut d'humanité. »*

Extraits de *Les damnés de la terre* (1961).

« Le régime colonial est un régime instauré par la violence. C'est toujours par la force que le régime colonial s'est implanté. C'est contre la volonté des peuples que d'autres peuples plus avancés dans les techniques de destruction ou numériquement plus puissants se sont imposés. Violence dans le comportement quotidien, violence à l'égard du passé qui est vidé de toute substance, violence vis-vis de l'avenir. » Extrait de *L'an V de la révolution algérienne* (1959).

« L'ONU n'a jamais été capable de régler valablement un seul des problèmes posés à la conscience de l'homme par le colonialisme, et chaque fois qu'elle est intervenue, c'était pour venir concrètement au secours de la puissance colonialiste du pays oppresseur. [...] *en réalité, l'ONU est la carte juridique qu'utilisent les intérêts impérialistes quand la carte de la force brute a échoué.* [...] *Le grand succès des ennemis de l'Afrique, c'est d'avoir compromis les Africains eux-mêmes.* [ils] *étaient directement intéressés par le meurtre de Lumumba. Chefs de gouvernements fantoches, au sein d'une indépendance fantoche, confrontés jour après jour à une opposition massive de leurs peuples, ils n'ont pas été longs à se convaincre que l'indépendance réelle du Congo les mettrait personnellement en danger. » Extraits de « La mort de Lumumba : pouvions-nous faire autrement ? »* in *Afrique action*, n° 19 du 20 février 1961.

« Nous ne sommes rien sur terre, si nous ne sommes pas d'abord l'esclave d'une cause, celle des peuples et celle de la justice et de la liberté. »

Lettre de Frantz Fanon à Roger Taïeb (1961).

De même que la Traite des Noirs avait fini par se heurter à l'opposition de plusieurs sections de la communauté internationale, le colonialisme va se heurter également à une grande opposition.

La Seconde Guerre mondiale qui ravage l'Europe (1939-1945) affaiblit considérablement les puissances coloniales. Après la guerre, le cinquième congrès panafricain de Manchester se tiendra du 15 au 21 octobre 1945. Dans une « déclaration aux puissances coloniales », les délégués soulignent que leur patience et leur pacifisme n'enlèvent rien à leur détermination pour se libérer du colonialisme, et qu'ils se gardent le droit de recourir à la force comme mode ultime d'acquisition de l'autonomie. Réclamant, « pour l'Afrique noire, l'autonomie et l'indépendance », ils souhaitent une « démocratie économique » et condamnent « le monopole du capital et le règne de la richesse et de l'industrie privée pour de simples profits personnels »[41]. Le signal est donné pour la lutte pour l'indépendance des pays africains. Les années qui vont de 1945 à 1975 verront l'effondrement définitif du colonialisme, un système d'exploitation de tous les non-Européens, fondé sur le racisme et qui aura finalement duré cinq longs siècles.

Malheureusement, cette victoire des peuples colonisés s'est souvent heurtée aux contradictions nées de l'indépendance et à la captation du pouvoir par des élites dépendant toujours de l'Occident, comme nous le verrons dans le cas du Rwanda. Le recouvrement de la souveraineté

[41] Amzat Boukari-Yabarat, 2014, *Africa Unite! Une histoire du panafricanisme*, Éditions La Découverte, Paris, p 117.

nationale a été dans beaucoup de cas l'aboutissement d'une lutte politico- militaire âpre et coûteuse en vies humaines.

Révolte des peuples du « tiers monde »

« Les colonisateurs ont l'habitude de dire qu'ils nous ont fait rentrer dans l'histoire. Nous démontrerons aujourd'hui que non : ils nous ont fait sortir de l'histoire, de notre propre histoire, pour les suivre dans leur train, à la dernière place, dans le train de leur histoire. » Amílcar Cabral.[42]

Dans les territoires colonisés, la Deuxième Guerre mondiale se traduisit partout par une pression sur les populations des empires coloniaux. En effet, les puissances coloniales en conflit firent largement appel à leurs colonies sur le plan humain et économique dans le cadre de l'effort de guerre.

De nombreux Africains furent mobilisés pour combattre les contingents allemands et italiens et beaucoup payèrent de leurs vies leur engagement pour sauver les nations de leurs maîtres. À l'occasion de la guerre, les Africains combattirent côte à côte avec des Blancs et ils rencontrèrent des soldats afro-américains. L'expérience de la guerre aux côtés de frères d'armes européens et américains mit en relief les présupposés racistes sur lesquels la colonisation reposait implicitement.

À la fin de la Deuxième Guerre mondiale, les puissances coloniales, ayant subi des destructions matérielles considérables, exigèrent des colonies un plus grand effort pour la reconstruction de la métropole dans un contexte de crise globale et de dégradation de la situation économique et sociale.

[42] Extraits du discours « L'arme de la théorie », prononcé à la Conférence tricontinentale de La Havane (Cuba) en 1966.

L'immédiat après-guerre n'entraîna donc aucune amélioration du sort des Africains malgré leur contribution à la libération du continent européen. C'est dans ce contexte où les peuples colonisés avaient pris conscience que leurs maîtres n'étaient pas invincibles, que naquit également en Afrique et en Asie l'aspiration des peuples dominés à de nouveaux droits et à l'autodétermination.

Kwame Nkrumah porté par ses partisans
lors d'une manifestation en 1948.
Source : Getty Images

Les luttes pour l'indépendance ont été précédées de mouvements de résistance multiformes à l'oppression coloniale : refus de l'impôt, des cultures obligatoires, du travail forcé comme porteur, émeutes spontanées ou organisées... Peu à peu, la résistance s'est organisée en empruntant à l'Europe de nouveaux outils de lutte comme la grève, le boycott... Les syndicalistes se sont organisés et des partis politiques ont vu le jour.

Plusieurs mouvements insurrectionnels vont s'organiser à travers toute l'Afrique. Nous n'en citerons que quelques-uns : la grève des ouvriers au Nigeria en 1945, les manifestations et pillage par des anciens militaires au Ghana en 1948, suivies plus tard par l'emprisonnement de Kwame Nkrumah et de ses partisans, le soulèvement de Madagascar en 1947, les révoltes et mutineries dès 1944 à Jadoville et Luluabourg au Congo belge, la grève insurrectionnelle des dockers du port de Matadi au Congo belge, etc.[43]

Colonies britanniques

En Afrique de l'Est, c'est le mouvement insurrectionnel kényan Mau-Mau, qui est le détonateur du mouvement des indépendances au début des années 1950. Au départ, la révolte a pour motivation la frustration provoquée par la spoliation des terres les plus fertiles par les colons, mais rapidement le mouvement dont les Kikuyus sont les fers de lance devient nationaliste et revendique l'indépendance du Kenya. En 1952, le pouvoir colonial anglais déclare l'état d'urgence et organise des opérations militaires à l'encontre des rebelles. Si les actions des combattants Mau-Mau ont provoqué la mort de 32 colons, les victimes de la répression britannique furent bien plus nombreuses. La Commission kényane des droits de l'homme avance le chiffre de 90 000 tués, et de quelque 160 000 personnes emprisonnées, sans procès, dans des camps dits de rééducation où elles étaient soumises à de mauvais traitements et à la torture, quand elles n'étaient pas exécutées sommairement. Parmi ces

[43] A.A. Mazrui, C. Wondji & al., *Histoire générale de l'Afrique*, T. VIII, L'Afrique depuis 1935, Présence africaine/Edicef/UNESCO, pp. 123-139-143-146-150.

personnes, affirment *The Guardian*[44] et *le Daily Mail*[45] se trouvait le grand-père de l'ex-président américain Barack Obama.

Camp d'internement de personnes suspectées
de sympathie pour les Mau-Mau.
Source : Getty Images

Dedan Kimathi Le chef militaire des Mau-Mau, que ses sympathisants appelaient le Field marshall est capturé le 21 octobre 1956. Rapidement jugé, il est finalement exécuté le 18 février 1957. Cependant, les populations conservent leurs aspirations nationalistes et malgré sa victoire sur le

---

[44] Owen Bowcott, « Revealed: Britain's torture of Obama's grandfather », *The Guardian*, 3 décembre 2008 https://www.theguardian.com/world/deadlineusa/2008/dec/03/obama-grandfather-Mau-Mau-torture

[45] Liz Hazelton, « How British government covered up torture of the Mau Maus - including Obama's grandfather - for 50 years », *Daily Mail*, 6 Avril 2011 https://www.dailymail.co.uk/news/article- 1373650/Mau-Mau-rebellion-Torture-rebels-including-Obamas- grandfather.html

mouvement Mau-Mau, la Grande-Bretagne prend conscience qu'elle ne pourra pas conserver ses colonies africaines.

« Le vent du changement souffle sur ce continent et, que cela nous plaise ou non, cette croissance de la conscience nationale est un fait politique », dira le Premier ministre Harold Macmillan lors de sa tournée en Afrique britannique en 1960[46]. En fait, les États-Unis firent pression sur les autorités britanniques pour qu'elles changent de politique coloniale parce qu'ils craignaient que le maintien du joug colonial sur les peuples africains ne pousse ces derniers dans les bras des puissances communistes. En 1959, les membres du Comité Afrique de Whitehall déclarèrent dans ce sens que

« ....si les gouvernements occidentaux sont réticents à accorder l'indépendance à leurs territoires dépendants, ils risquent de s'aliéner l'opinion africaine et de la tourner vers l'Union soviétique »[47]. Les Britanniques vont ainsi renoncer à la politique de répression extrême contre les indépendantistes qu'ils avaient adoptée au Kenya et vont s'efforcer de négocier « à l'amiable » l'inévitable décolonisation de leur empire tout en s'attachant à remplacer leur domination formelle par une influence informelle scellée par des liens économiques et des traités de défense.

Le Commonwealth constituera le moyen permettant de maintenir leur influence dans leurs anciennes colonies. Cette

---

[46] Discours devant les deux chambres du parlement de l'Union d'Afrique du Sud, Cape Town, 3 rd February 1960, cité par Hyam, R., Louis, Wm. British Documents on the end of Empire, Volume 4: The Conservative Government and the End of Empire 1957-1964, Part 1: High Policy, Political and Constitutional Change (London, The Stationary Office, 2000), p. 169.

[47] CAB 134/1353, AF 8(59) 3, 7/4/1959, 'Africa in the next ten years' cité par R. Hyam, *Britain's Declining Empire : The Road to decolonisation, 1918-1968,* Cambridge University Press, 2006, p. 256.

stratégie étant établie, l'accès à l'indépendance des colonies britanniques a été mis en chantier par étapes[48] :

1. Un gouvernement responsable est mis en place dans lequel le gouverneur britannique partage le pouvoir avec une assemblée locale élue ;

2. L'autogouvernement interne dans lequel le gouverneur n'a plus de pouvoirs est accordé ;

3. L'indépendance est reconnue.

Grâce à ce processus, lors de leur accession à l'indépendance, les colonies britanniques se retrouvèrent dotées d'un régime parlementaire et gouvernées par des Premiers ministres élus.

C'est ainsi que la « Gold Coast » renommé Ghana, par exemple, obtiendra son indépendance dès le 6 mars 1957 sous la direction de Kwame Nkrumah, chef du parti majoritaire au parlement et que le Kenya indépendant sera gouverné par Jomo Kenyatta, qui sera élu Premier ministre du Kenya le 1er juin 1963 et proclamera l'indépendance du pays le 12 décembre de la même année.

---

[48] Ce processus fut lancé avec l'indépendance de l'Inde en 1947 qui avait été précédé par un fort mouvement indépendantiste depuis le début du XXe siècle. La Grande-Bretagne décida, à travers le Livre bleu (1948) du gouvernement travailliste d'alors, d'appliquer le même modèle de décolonisation dans les autres colonies.

Jomo Kenyatta et ses compagons de lutte
dont Jaramogi Oginga Odinga
Source : Getty Images

Les pères de l'indépendance du Ghana et du Kenya avaient en commun d'avoir été incarcérés par les autorités coloniales de leurs pays respectifs pendant la période de répression des mouvements indépendantistes, puis libérés pour négocier les modalités d'une décolonisation pacifique.

Colonies françaises

La France, deuxième puissance coloniale du globe, fait face dès 1954 à l'insurrection algérienne menée par le Front de libération nationale (FLN) dirigé par Ahmed Ben Bella. L'insurrection se terminera par l'obtention de l'indépendance en 1962 après les « Accords d'Évian ». La France se retire définitivement de l'Indochine en 1954, après la défaite de Diên Biên Phu, puis, en 1956, du Maroc et de la Tunisie.

L'histoire de la décolonisation du Cameroun relève de l'horreur. L'Union des populations du Cameroun (UPC) lance la lutte de libération en 1955.

Confrontées au vaste mouvement social et politique, porté par ce parti indépendantiste, les autorités françaises décident de le réprimer par tous les moyens. L'armée française utilise les mêmes méthodes qu'en Indochine et en Algérie : torture, arrestations, exécutions, etc., mais elle innove en procédant à des internements de masse et à des bombardements de village au napalm. La répression est sanglante sur les populations de l'ouest du pays. Um Nyobe, le fondateur de l'Union des populations du Cameroun (UPC) est arrêté et exécuté. L'indépendance sera proclamée le 1er janvier 1960, mais au profit d'une dictature profrançaise. Les maquis de l'UPC qui combattent pour une réelle indépendance continueront leur lutte jusqu'en 1972.

En Afrique occidentale et équatoriale française, la loi-cadre Gaston Defferre, en 1956, accorde aux territoires colonisés une large autonomie de gestion, avec des assemblées élues et un exécutif africain, toutefois encore présidé par le gouverneur colonial. Dans l'esprit de son promoteur, la loi- cadre visait à favoriser l'émergence d'élites africaines dociles, susceptibles de défendre les intérêts de la France.

Lorsqu'il revient au pouvoir, en mai 1958, le général de Gaulle estime indispensable de faire un geste spectaculaire envers l'Afrique noire : il soumet à un référendum une constitution qui prévoit l'instauration d'une communauté franco-africaine où un certain nombre de compétences dites « communes » (défense, diplomatie, monnaie, etc.) seront partagées entre la métropole et les territoires africains qui accèderont ainsi à une demi-souveraineté, limitée à la gestion de leurs affaires intérieures.

Le dirigeant guinéen, Sékou Touré qui se situe dans la mouvance marxiste, appelle ses compatriotes à voter non au référendum instituant la Communauté française, et invoque pour justifier son refus, le fait que la nouvelle communauté entraîne la disparition de deux grandes entités fédérales – l'Afrique-Occidentale française et l'Afrique-Équatoriale Française – que la loi-cadre Gaston Defferre avait laissé subsister. Il accuse le général de Gaulle de vouloir « balkaniser » son ancien empire colonial pour mieux le contrôler.[49]

La plupart des territoires consultés répondent « oui », à une large majorité. La Guinée de Sékou Touré, où le « non » l'emporte à la quasi-unanimité, fait exception.

Ahmed Ben Bella, chef du FLN algérien
Sources : Getty Images

En 1960, tous les anciens territoires africains occupés par la France demandaient et obtenaient leur indépendance, mais

[49] Claude Wauthier, *Le monde diplomatique*, juillet-août 2001. « Les ratés de la décolonisation en Afrique ».

sans rupture brutale avec la France, en concluant simultanément avec Paris des accords de coopération militaires et économiques qui les liaient plus ou moins étroitement à l'ancienne métropole, ne serait-ce que parce qu'ils allaient utiliser le Franc CFA.

Colonies belges

Au Congo belge, jusqu'au milieu des années 1950, la politique fut l'œuvre conjointe de l'administration coloniale, des grandes entreprises et des missions catholiques. Ces trois institutions qualifiées de « trinité coloniale » étaient très étroitement liées. Bénéficiant toujours de la convention signée en 1906 entre Léopold II et le Vatican, le poids des missions catholiques était considérable : les principaux prélats de la colonie étaient les artisans les plus actifs de l'idéologie coloniale[50].

Dès 1930, l'économie du Congo belge, entrée de plain-pied dans l'âge industriel, fut contrôlée par un petit nombre d'investisseurs organisés en groupes financiers, avec participation active de l'État colonial, recours à la contrainte et fortes inégalités entre Européens et Africains, ceux-ci ne contrôlant que 5 % du capital investi, 55 % des salaires, 69 % de la consommation et 12 % de l'épargne des particuliers[51].

Après les violents soulèvements d'après-guerre, le besoin de s'organiser se fit sentir. En 1958, Patrice Lumumba fonda le Mouvement national congolais (MNC) et Joseph Kasa-Vubu créa l'Association des Bakongo (ABAKO).

Patrice Lumumba conduisit une délégation congolaise à Accra pour assister à la conférence dite « All African People's

---

[50] A.A. Mazrui et C. Wondji & al., *Histoire générale de l'Afrique*, Tome VIII, L'Afrique depuis 1935, Présence africaine/Edicef/UNESCO, p.141-143.
[51] *Idem.*

Conference » qui se déroula du 5 au 13 décembre 1958, à l'invitation du Dr Kwame Nkrumah. Le Kényan Tom Mboya en était le rapporteur, secondé par Patrice Lumumba. Cette conférence eut une influence considérable sur les mouvements de libération en Afrique. À son retour, Patrice Lumumba tint un rassemblement politique le 28 décembre 1958 dans la zone Kasa-vubu qui enflamma la population de Léopoldville à la grande surprise des autorités coloniales qui ne s'y attendaient pas. Joseph Kasa-Vubu, président de l'ABAKO, décida d'organiser une manifestation politique au même endroit le 4 janvier 1959. Les autorités belges interdirent la manifestation alors que la foule était déjà sur place. Cette interdiction sema la confusion et les émeutes commencèrent.

À partir de là, les évènements se précipitèrent. Le roi des Belges Baudouin Ier, décida d'octroyer immédiatement l'indépendance au Congo belge qui sera officielle le 30 juin 1960. Le Rwanda et le Burundi accèderont à l'indépendance le 1er juillet 1962.

Au Congo, Patrice-Émery Lumumba et son parti le Mouvement national congolais (MNC) gagnent les premières élections législatives du pays.

L'indépendance du Congo est proclamée le 30 juin 1960 dans un climat de grande gêne causé par le discours radical du Premier ministre Patrice-Émery Lumumba qui décrit le colonialisme comme une page sombre de l'histoire du Congo. C'est la rupture ! Lumumba, héros de la lutte pour l'indépendance, sera révoqué le 5 septembre 1960 par le président Joseph Kasa-Vubu. Il sera par la suite arrêté et assassiné le 17 janvier 1961 dans la province sécessionniste du Katanga dirigée par Moïse Tshombe.

Patrice Lumumba, Premier ministre et héros de l'indépendance de la RD Congo.
Source : Getty Images

Il ne fait aucun doute que les désordres politiques qui ont suivi l'accession du Congo belge à l'indépendance étaient dus à une décolonisation bâclée et le fait qu'aucune structure politique de base n'avait été mise en place pour aider le jeune État à se construire.

Au Burundi, le prince Louis Rwagasore et son parti l'Union pour le progrès national (UPRONA) gagnent les élections législatives de 1961. Un mois plus tard, soit le 13 octobre 1961, le leader charismatique des Burundais est assassiné par un tueur à gages, Jean Kageorgis de nationalité grecque.

Qui a commandité ce crime odieux ? Dans son livre, *L'assassinat de Rwagasore, le Lumumba burundais*, Guy Poppe[52] écrit :

« Quand peu de temps après l'assassinat, le Résident-général, monsieur Paul Harroy vient saluer la dépouille de Rwagasore à l'Hôpital, il croise la mère du prince, Thérèse Kanyonga, séparée du mwami Mwambutsa IV depuis 1945. Elle gifle le résident général. Cela prouve bien qui est, à ses yeux, coupable de la mort de son fils. Est-ce uniquement une affaire de perception ? C'est possible, mais il est intéressant de rechercher dans quelle mesure des Belges investis d'une certaine autorité au niveau de la Tutelle ont joué un rôle dans le drame, que ce soit ouvertement ou dans les coulisses ».

La conclusion qui s'imposera, aux termes des recherches de Guy Poppe, c'est que la réaction de la mère de Rwagasore n'était pas seulement émotive, mais bel et bien fondée.

[52] Guy Poppe, *L'assassinat de Rwagasore, le Lumumba Burundais*. Éditions Iwacu, Bujumbura, 2012.

Prince Louis Rwagasore, Premier ministre
et héros de l'indépendance du Burundi.
Source : Getty Image

En 1959, au Rwanda, les relations entre l'administration coloniale belge et le Mwami Charles Rudahigwa Mutara III, qui réclame l'indépendance, sont très tendues. La Tutelle belge, ne voulant pas accorder l'indépendance aux nationalistes rwandais de l'Union nationaliste rwandaise (UNAR), avait amplifié les divisions au sein de la population. C'est dans ce contexte qu'il prépare un voyage au siège des Nations unies à New York. Il se rendra à Usumbura pour obtenir son carnet de vaccination. Le 25 juillet 1959, il quitte l'hôtel Paguidas où il était logé et se rend à l'hôpital Prince Régent Charles. Il n'en sortira pas vivant.

Le Mwami Mutara III Rudahigwa accompagné
de la Reine Rosalie Gicanda.
Source : Getty Images

Que s'est-il réellement passé dans cet hôpital ? Le mystère plane toujours et plusieurs versions contradictoires circulent : tantôt le Roi est mort d'une piqûre de pénicilline, tantôt d'une hémorragie cérébrale, tantôt il s'agit d'un suicide rituel, etc. Pour une partie des Rwandais, cette mort n'est pas naturelle : ce sont les autorités coloniales et Mgr Perraudin, vicaire apostolique de Kabgayi, qui ont monté le coup et qui ont assassiné le Roi[53].

La mort de ce leader charismatique, garant de l'unité nationale, plonge le Rwanda dans la plus grande confusion. Le gouverneur du Rwanda fait appel au colonel Guy Logiest, grand adepte des méthodes fortes, et à ses bataillons de para commandos belges, équipés d'hélicoptères et d'une véritable artillerie lourde, pour manipuler la population et orchestrer des

[53] Déo Byanafashe et Paul Rutayisire, 2016, *op. cit* p. 101.

troubles politico-ethniques avec comme objectif de mettre en place un gouvernement pro-belge. Des centaines de milliers de Rwandais sont contraints à l'exil pour échapper aux massacres[54]. Le Mwami Kigeri V qui a dans un premier temps succédé à Mutara Rudahigwa est lui- même rapidement contraint à l'exil par la Tutelle belge. Dans la confusion générale et un climat de terreur visant les nationalistes, la Belgique appuie un coup d'État fomenté par le parti qu'elle soutient[55] et parvient à faire abolir la monarchie par un référendum controversé.

Rapidement le conflit change de nature. Ce ne sont plus les nationalistes, mais l'ensemble des Tutsi qui sont désignés comme l'ennemi. Dès lors, la chasse à l'homme n'a plus un motif politique, mais obéit à une logique génocidaire. La Belgique et l'Église catholique parviennent à porter au pouvoir en 1962 un gouvernement constitué de personnes qui leur doivent leur promotion politique. Grégoire Kayibanda devient le premier président du Rwanda. Son parti, le Mouvement démocratique républicain-Parmehutu (MDR-Parmehutu) devient rapidement un parti unique qui institutionnalise la marginalisation des Tutsi. Alors commença le drame qu'a connu le peuple rwandais dans la seconde moitié du XXe siècle.

Ainsi, dans chacune des colonies belges, les trois leaders nationalistes charismatiques qui auraient pu être les garants de l'unité et d'une indépendance réelle de leur pays furent éliminés avant même de pouvoir mettre en œuvre la moindre réforme. La brutale disparition de Patrice-Emery Lumumba au Congo, du Mwami Charles Léon Pierre Rudahigwa Mutara III au Rwanda et du Prince Louis Rwagasore au Burundi vont

---

[54] Colonel Guy Logiest. Mission au Rwanda ; un blanc dans la bagarre Tutsi-Hutu. Didier Hatier, 1988.

[55] Évènement connu sous le nom de « coup d'État de Gitarama ».

inaugurer une ère d'instabilité politique qui n'a pas encore fini de secouer la région des Grands Lacs.

En ce qui concerne le Congo belge et le Ruanda-Urundi, il est tout à fait clair que la Belgique a bel et bien appliqué la politique de la terre brûlée en déstabilisant pour longtemps le leadership de ces trois pays au moment où ces pays prenaient un grand tournant devant les mener à l'indépendance. Les conséquences de cette déstabilisation se font encore sentir aujourd'hui.

Colonies portugaises

Pendant la période de décolonisation du continent africain, le Portugal était sous le joug de la dictature fasciste d'Antonio Salazar depuis 1932. Dans l'esprit du dictateur portugais, les régions africaines sous sa domination faisaient partie du pays. Il était donc hors de question que l'Afrique portugaise devienne indépendante. Pour affirmer cet état d'esprit, le mot « colonie » sera officiellement remplacé en juin 1951 par « provinces d'outre-mer », et le même procédé sera appliqué à l'expression « Empire colonial portugais », qui sera rebaptisé « Ultramar Português » : « Territoire portugais ultramarin ».

À cette période, le Portugal était en voie d'appauvrissement, son économie était sous-développée, et de nombreux Portugais émigraient pour fuir la misère. Cependant, le Portugal entretenait l'illusion de sa grandeur avec ses possessions africaines. Il s'agissait vraiment d'une illusion, car les populations des colonies portugaises vivaient dans la misère, leurs territoires avaient très peu d'infrastructures et celles-ci étaient très rudimentaires, et l'économie de traite était monopolisée par des sociétés portugaises. Dans ce contexte, aucune indépendance ne put être pacifiquement négociée. Les peuples africains sous domination portugaise n'eurent d'autre solution que de prendre les armes pour se libérer.

Guinée-Bissau et îles du Cap-Vert

Le 19 octobre 1956, Amílcar Cabral créa à Bissau le Parti africain pour l'indépendance de la Guinée-Bissau et des îles du Cap-Vert (PAIGC). Voyant que l'indépendance ne pourrait s'obtenir par la négociation, le PAIGC opta pour la lutte armée à partir de 1963. Le PAIGC, soutenu par Cuba, l'Union des républiques socialistes soviétiques (URSS) finit par contrôler les deux tiers du pays en 1997, malgré le soutien apporté au Portugal par les puissances occidentales et par l'Organisation du traité de l'Atlantique Nord (OTAN).

L'assassinat d'Amílcar Cabral en janvier 1973 ne parvint pas à stopper le mouvement de libération. Considéré en Guinée- Bissau, comme le héros de l'indépendance du pays, Amílcar Cabral était une personnalité d'une rare envergure, tant au niveau de la pensée qu'à celui de l'action. Aucun aspect de l'avenir de son pays n'échappait à sa réflexion. Il proclamait que la culture était le *« fondement même du mouvement de libération »*, et insistait sur la priorité à donner à l'éducation dans la lutte pour l'indépendance. *« Il faut réserver à nos enfants*, disait-il, *le meilleur de ce que nous connaissons. Ils sont les fleurs de notre lutte. »*. Enfin, Amílcar Cabral ajoutait que, selon lui, la première tâche à entreprendre pour cette jeunesse instruite était ce qu'il appelait la *« réafricanisation des esprits »*.

Au moment où Amílcar Cabral opta pour la lutte armée, il avait conscience des erreurs commises par ceux qui l'avaient précédé sur le chemin de la « révolution africaine ». Il s'inspirait de la pensée de Frantz Fanon, et la mit en acte. Lorsque le PAIGC prit les armes en 1963, deux Afrique se côtoyaient : l'une s'affirmait panafricaniste et anti-impérialiste, et l'autre s'enfonçait dans le néocolonialisme et la trahison des espoirs populaires.

Amílcar Cabral qui bénéficiait d'un certain recul depuis les premières indépendances africaines développa une pensée exigeante qui puisait sa finesse dans une approche matérialiste qui se méfiait du dogmatisme et dans l'attention qu'il portait à la pratique du pouvoir telle qu'il l'expérimentait dans les régions libérées de Guinée-Bissau.

Sous sa direction, les rebelles tentèrent de construire dans les territoires qu'ils avaient libérés un modèle politique où le pouvoir était exercé par les paysans eux-mêmes et où ils entreprirent d'améliorer les conditions sanitaires et de développer l'alphabétisation. Amílcar Cabral Cabral déclarait ainsi : *« Nous ne devons pas avoir peur du peuple, et l'amener à participer à toutes les décisions qui le concernent – telle est la condition fondamentale de la démocratie révolutionnaire que nous devons réaliser progressivement ».*[56]

Amílcar Cabral.
Source : Getty Images

[56] La Conférence de Dar es Salaam (Tanzanie) en 1965

L'objectif du PAIGC et de son leader allait au-delà de la simple indépendance nationale.

« Nous ne luttons pas simplement, écrit Cabral, pour mettre un drapeau dans notre pays et pour avoir un hymne, mais pour que plus jamais nos peuples ne soient exploités, pas seulement par les impérialistes, pas seulement par les Européens, pas seulement par les gens de peau blanche, parce que nous ne confondons pas l'exploitation ou les facteurs d'exploitation avec la couleur de peau des hommes ; nous ne voulons plus d'exploitation chez nous, même pas par des Noirs ».[57]

Si Amílcar Cabral fut assassiné le 20 janvier 1973, son parti n'abandonna pas sa lutte. Huit mois plus tard, l'Assemblée nationale du PAIGC réunie à Boe déclara l'indépendance de la Guinée-Bissau et des îles du Cap vert le 24 septembre 1973. L'ONU reconnut cette indépendance en novembre de la même année. Malgré cette reconnaissance internationale, il faudra attendre la Révolution des œillets[58], qui fera tomber le régime d'Antonio Salazar au Portugal, pour que le pays accède à l'indépendance pleine et entière le 10 septembre 1974.

---

[57] Saïd Bouamama, « Amílcar Cabral », in Figures de la révolution africaine. De Kenyatta à Sankara, La Découverte, 2017, p. 253-270.

[58] *Révolution des œillets,* est le nom donné aux évènements qui, à partir du 25 avril 1974, ont mis fin au gouvernement autoritaire du Portugal. La révolution a commencé par un coup d'État organisé par des officiers militaires opposés au régime, mais elle s'est rapidement doublée d'un mouvement populaire imprévu. Cette révolution pacifique doit son nom au fait que la population offrit des œillets aux soldats pour célébrer la fin de la dictature. L'alliance des officiers et des civils progressistes a produit des changements sociaux, économiques et politiques fondamentaux, entraînant la transition du Portugal vers la démocratie et la fin des guerres coloniales portugaises.

Angola

En Angola où les Portugais étaient présents depuis le XVe siècle, la longue occupation coloniale n'a jamais amélioré les conditions de vie des Angolais. En 1960, dans les zones urbaines une personne sur trois vivait dans des habitations de fortune et dans le quartier de Lobito (20 000 habitants en 1954), il n'y avait qu'un seul robinet d'eau courante pour 1200 personnes[59].

L'oppression du peuple angolais par le régime colonial portugais entraîna l'émergence de plusieurs mouvements indépendantistes dans les années 1950 : le *Mouvement populaire pour la libération totale de l'Angola* (MPLA) est fondé en 1954 par des militants du parti communiste ; plus tard deux autres mouvements sont créés, à savoir le *Front national de libération de l'Angola* (FNLA) et l'*Union nationale pour l'indépendance totale de l'Angola* (UNITA). Ces mouvements, qui ont été les acteurs majeurs de l'opposition aux colonisateurs portugais, ne furent pas pour autant unis dans l'effort de décolonisation. Ils s'affrontèrent durant la guerre d'indépendance.

Le MPLA d'Agostinho Neto se vit confronté au FNLA de Holden Roberto et à l'UNITA de Jonas Savimbi. Dans ce contexte, la conquête de l'indépendance de l'Angola sera un processus de longue haleine. La guerre d'indépendance durera de 1960 à 1975. Lorsque le peuple angolais mené par ces différents mouvements conquit enfin son indépendance en 1975, les tensions entre le MPLA et l'UNITA, alimentées par le contexte international de la guerre froide, donneront lieu à une guerre civile.

---

[59] *Histoire générale de l'Afrique*, Tome VIII, L'Afrique depuis 1935, Présence africaine/Edicef/UNESCO, pp. 143, 152, 177.

Mozambique

Sous l'impulsion de l'intellectuel Eduardo Mondlane, sociologue formé aux États-Unis, et avec le soutien de Julius Nyerere et de Kwame Nkrumah, un *Front de libération du Mozambique* (FRELIMO) est formé le 25 juin 1962 à Dar es Salaam en Tanzanie pour réclamer l'indépendance du Mozambique. Suite à l'échec de la tentative de libération pacifique, le FRELIMO décide de déclencher la lutte armée à partir de 1964. Depuis sa base arrière en Tanzanie, il mène des campagnes de plus en plus structurées en territoire mozambicain. Avec un bilan de plus de 3 500 morts pour l'armée portugaise, 10 000 morts pour les combattants du FRELIMO et 50 000 civils tués durant le conflit, la guerre d'indépendance du Mozambique aura été l'une des luttes de libération les plus meurtrières du continent.

Deux facteurs ont permis au mouvement de libération de durer jusqu'à la victoire : l'appui de la population qui souhaitait l'indépendance et appréciait les perspectives offertes par l'idéologie marxiste du FRELIMO ; l'existence d'une base arrière en Tanzanie et le soutien de pays socialistes dans le contexte de la guerre froide. (l'Union soviétique et la Chine livreront des quantités importantes d'armes au mouvement, tandis que l'Algérie assurera la formation militaire des combattants).

La guérilla menée par le FRELIMO, sut aussi profiter de sa connaissance du terrain accidenté et du climat de la région, en menant par exemple des attaques lors des périodes de fortes pluies pour empêcher l'aviation portugaise d'exprimer sa supériorité aérienne.

Samora Machel et Eduardo Mondlane.
Source : Getty Images

De son côté, le Portugal reçut un appui de l'OTAN pour développer des moyens de lutte anti-insurrectionnelle. Forte de 35 000 hommes, l'armée portugaise procéda à des massacres à l'encontre de civils soupçonnés de soutenir le FRELIMO et à des regroupements forcés des populations pour couper la guérilla de son soutien populaire. Les forces coloniales usèrent de procédés de plus en plus radicaux, notamment après l'assassinat d'Eduardo Mondlane, tué par l'explosion d'un colis piégé déposé dans son quartier général à Dar es Salaam. Le leader historique du FRELIMO sera remplacé par Samora Machel.

Après plus d'une dizaine d'années de lutte, la guerre d'indépendance du Mozambique devint une guerre d'usure. Malgré le soutien croissant de l'OTAN, les guerres coloniales du Portugal finirent par miner la société et l'économie portugaise (jusqu'à 40 % du budget national était consacré aux guerres coloniales).

L'impasse mortifère dans laquelle s'enlisa le pouvoir portugais, l'humiliation et la démoralisation subies par l'armée portugaise en Afrique furent des facteurs décisifs du déclenchement de la Révolution des œillets, qui renversa le régime Salazar au Portugal en 1974. Le nouveau gouvernement confirma l'indépendance de la Guinée-Bissau et l'accorda à l'Angola et au Mozambique. D'une certaine manière, on peut dire que les guerres d'indépendance des colonies portugaises permirent aussi au peuple portugais de se libérer.

Afrique Australe

En 1935, l'Afrique australe était la partie la plus importante du continent africain sur le plan économique. Dans le dernier tiers du XXe siècle, elle est devenue, en outre, la région la plus importante du continent sur le plan stratégique[60]. La région est riche en minerais vitaux pour l'économie mondiale et contrôle la route du cap qui relie le monde occidental à l'Asie avec un important trafic maritime. Les colons installés dans cette région veulent conserver le monopole économique sur les terres, les ressources minières, l'emploi, les services sociaux et juguler la concurrence des Africains. Le système d'apartheid installé en Afrique du Sud va constituer l'enjeu du dernier affrontement sur le continent africain. Dans les années 1960 et 1970, les mouvements de libération de la Rhodésie du Sud et de l'Afrique du Sud vont bénéficier principalement de l'appui diplomatique et de l'aide du Comité de libération de l'Organisation de l'unité africaine, des pays non-alignés, de l'URSS, de la République populaire de Chine ainsi que des pays scandinaves, etc.

De leur côté, les colons d'Afrique australe peuvent compter sur le soutien diplomatique et matériel des gouvernements occidentaux, principalement des États-Unis d'Amérique (USA), de la Grande-Bretagne, de la France et de l'Allemagne de l'Ouest.

---

[60] Ib*Idem*.

À côté de la Tanzanie, de la Zambie et du Botswana, l'Angola et le Mozambique devenus indépendants, aidèrent ces mouvements de libération en les faisant bénéficier de leur expérience en matière d'organisation et de tactiques militaires et en mettant à leur disposition leurs camps d'entraînement. La *Zimbabwe African National Union* (ZANU) de Robert Mugabe ainsi que la *Zimbabwe African People's Union* (ZAPU) de Joshua Nkomo finiront par avoir le dessus sur les troupes de Ian Smith le Premier ministre rhodésien. Le 18 avril 1980, la Rhodésie du Sud devenait indépendante sous le nom de Zimbabwe.

La Namibie avait d'abord été une colonie allemande jusqu'en 1920, sous le nom de « Deutsch-Südwestafrika » (Afrique du Sud-Ouest allemande) avant d'être placée sous mandat britannique par la Société des Nations. La Grande-Bretagne avait délégué l'administration à l'Union sud-africaine (Union of South Africa) alors dominion britannique.

Devenue une république dominée par les Afrikaners, l'Afrique du Sud continua d'administrer la Namibie comme s'il s'agissait d'une de ses provinces en y appliquant la législation politique de l'apartheid[61]. La Namibie regorgeait de matières premières (uranium, diamants, cuivre, zinc et plomb) destinées à l'exportation. La *South West African People's Organization* (SWAPO) de Sam Nujoma et ses alliés, les pays de la ligne de front, l'OUA et l'Organisation des Nations unies (ONU), réussira aux termes d'une longue lutte armée à contraindre l'Afrique du Sud et ses alliés occidentaux à décoloniser. En 1989, la Namibie devenait indépendante.

L'Afrique du Sud sera le dernier champ de bataille de la lutte anticolonialiste en Afrique. La lutte y fut longue et complexe du fait des richesses minières, du problème racial et de la position stratégique du pays. Le conflit sud-africain

---

[61] *Histoire générale de l'Afrique*, Tome VIII, op cit, p. 192.

s'internationalisa et l'URSS prit parti pour les mouvements de libération tandis que les U.S.A et l'OTAN soutinrent le régime d'Afrique du Sud.

Plusieurs organisations vont contribuer à la libération. Nous citerons, le PAC (Pan African Congress), le parti communiste sud-africain, l'African National Congress (ANC) de Nelson Mandela, les syndicats, les associations d'étudiants, le Black Consciousness de Steve Biko, etc. Le pays entrera dans un cycle de violences et de répressions policières, mais le régime de l'apartheid finira par se désagréger. La fin de l'apartheid interviendra en 1992 après la libération de Nelson Mandela qui deviendra le premier président de l'Afrique du Sud multiraciale et démocratique.

Président Nelson Mandela.
Source : Getty Images

Avec la fin de l'apartheid, le continent africain était considéré comme entièrement libéré. Cependant, force est de constater que tous ces États africains héritaient d'économies sous-développées caractérisées par une production extravertie et un marché intérieur généralement très étroit.

Rôle du Mouvement des non-alignés

On ne peut invoquer la période des indépendances sans noter le rôle du mouvement des pays afro-asiatiques dits « non alignés ». L'apport de ce mouvement pour l'émancipation politique et économique des peuples coloniaux est considérable.

En 1947, après la Deuxième Guerre mondiale, un vaste mouvement de libération nationale s'amorce en Asie et embrase l'Afrique. La guerre froide pèse sur l'Europe partagée entre le bloc de l'Ouest et le bloc de l'Est, et gagne l'Asie. Les pactes militaires se multiplient de 1949 à 1955. Des États nouvellement souverains s'entre-déchirent sur l'héritage des puissances coloniales. La persistance de la pauvreté rappelle que l'accession à l'indépendance ne suffit pas à assurer le progrès. L'indépendance économique reste à conquérir[62]. Cette situation incite à la réflexion des hommes politiques comme le pandit Jawaharlal Nehru (Inde), les présidents Josip Broz Tito (Yougoslavie), Gamal Abdel Nasser (Égypte), Dr Ahmed Soekarno (Indonésie), Dr Kwame Nkrumah (Ghana), chacun modelé par sa culture nationale et les conditions de l'environnement géopolitique de son pays.

Ces États veulent incarner la force du « changement » dans les relations internationales, pour l'instauration d'un « nouvel

[62] Robert Décombe, « La lente marche des pays non-alignés », *Le monde diplomatique*, juillet-août 2001 (58).

ordre mondial », fondé sur l'équité, l'égalité souveraine, l'interdépendance, l'intérêt commun et la coopération entre tous les États.

En 1955, la conférence de Bandoeng en Indonésie, à laquelle participaient les représentants de vingt-neuf pays africains et asiatiques, dont le Chinois Zhou Enlai, l'Égyptien Gamal Abdel Nasser et l'Indien Nehru, revendique le droit à l'indépendance de tous les peuples colonisés et proclame l'émergence du *Tiers monde* sur la scène internationale. Cette conférence imposera les dix règles de la coexistence pacifique et de la paix aux deux blocs pratiquement belligérants de l'Est et de l'Ouest représentés respectivement par le Pacte de Varsovie et celui fondant l'Organisation du traité de l'Atlantique Nord et soutiendra activement la décolonisation complète du Tiers monde, sans délai et sans condition.

En outre, en 1960, le groupe des non-alignés fit adopter aux Nations unies la fameuse déclaration 1514 relative à l'octroi, sans restriction, de l'autodétermination aux pays et peuples coloniaux. C'est ainsi que l'année 1960 vit devenir indépendants quatorze États africains. Ce fut un véritable tournant historique. Au cours des années ultérieures, jusqu'en 1982, septante-cinq pays du Tiers monde furent admis, de plein droit, aux Nations unies.

L'orientation anti-impérialiste du mouvement des non-alignés a été très vite affirmée particulièrement à la réunion de Georgetown en 1972 pour laquelle « l'impérialisme continue à être le principal obstacle qui empêche les pays en voie de développement, et les non-alignés en particulier, d'atteindre le niveau de vie conforme aux normes les plus élémentaires de la dignité humaine »[63].

---

[63] *Idem.*

Parmi les éminents participants à la Conférence de Bandoeng se trouvait le président égyptien Gamal Abdel Nasser

Source : Getty Images

En 2016, le Mouvement des non-alignés comptait encore 120 membres, mais l'importance du mouvement avait considérablement diminué après la fin de la guerre froide en 1989 et la lutte pour un « nouvel ordre mondial » n'avait pas avancé. Des États alignés sur le bloc de l'Est et des États alignés sur le bloc de l'Ouest étaient en même temps inscrits au Mouvement des non-alignés. La cohérence interne du mouvement posait problème.

Aujourd'hui, d'autres mouvements tels que ceux se réclamant de « l'altermondialisme » s'inspirent de ces principes pour prôner une mondialisation plus équitable.

En fait, l'Afrique est entrée dans l'ordre économique atlantique, née vers le XVe siècle, par le bas en tant que pourvoyeur d'esclaves donc de main-d'œuvre gratuite. Avec la colonisation, les puissances coloniales vont étendre l'ordre économique mondial en occupant militairement et en exploitant l'Afrique entière et les autres continents et en y puisant toutes les ressources disponibles et en utilisant en utilisant toujours une main-d'œuvre quasi gratuite.

IV.

Après l'indépendance : le néocolonialisme

Après les festivités célébrant l'indépendance des jeunes États, les leaders africains durent faire face à de nombreux défis. Il fallait tout mettre en place, la défense et la sécurité du territoire, l'administration publique, les finances, la justice, la santé, l'éducation, les infrastructures, etc. Dans la plupart des cas, la décolonisation de l'Afrique ne s'est pas accompagnée de progrès économiques. Au contraire, les conditions de vie des populations se sont dégradées pour des raisons diverses. Une volumineuse littérature existe pour expliquer ce phénomène.

Les puissances coloniales signataires de la Conférence de Berlin n'ont pas tout perdu parce que, dans la pratique, chaque puissance coloniale s'arrangera pour garder une grande influence sur ses anciennes colonies. Quant à la place des États africains dans l'ordre économique mondial, elle restera la même dans la mesure où la dépendance économique des jeunes États restait la même.

Souveraineté limitée

Les métropoles vont accorder les indépendances après avoir balkanisé le continent africain. Ces nouveaux États se sont retrouvés avec une demi-souveraineté parce qu'ils dépendaient toujours de leur ex-métropole.

Les jeunes États africains ont acquis leur indépendance dans des circonstances très difficiles et, dans beaucoup de cas, cette indépendance a été très fragile du point de vue de la souveraineté interne et/ou externe.

Sur le plan interne, dans certains pays, l'armée et la police ne parvenaient pas à faire régner l'ordre sur tout le territoire par manque, notamment, d'organisation et d'effectifs suffisants. Dans d'autres cas, l'administration publique ne parvenait pas à s'exercer effectivement sur tout le territoire. Dans d'autres cas, la justice n'était pas bien rendue faute de magistrats bien formés et en nombre suffisant. Il y eut des cas où des pays n'avaient pas le contrôle de leur monnaie pour diverses raisons.

Sur le plan externe, des pays ont vu leur souveraineté limitée par des accords qu'ils avaient signés avec la métropole juste avant l'indépendance. Ce fut des accords de défense militaire ainsi que des accords de coopération économique et monétaire.

La géopolitique des matières premières a joué un rôle considérable dans l'affaiblissement de la souveraineté des jeunes États. Les grandes puissances avaient besoin de beaucoup de matières premières pour faire fonctionner leurs industries. De ce fait, elles devaient contrôler les gisements de matières premières en Afrique mais aussi les routes maritimes et terrestres menant à ces gisements. Cela signifie que les pays regorgeant de matières premières devaient être contrôlés, mais aussi les pays sans ressources minières se trouvant sur la route menant à ces gisements. En fait, c'est toute l'Afrique qui devait être maintenue sous contrôle. C'est ainsi que des gouvernements légitimes vont être régulièrement renversés par des coups d'État soutenus de l'étranger pour écarter des chefs d'État ayant commis la faute de vouloir assurer la souveraineté de leur pays et le contrôle de leur économie. Parfois, les coups de force se feront par assassinats. Parmi les personnalités assassinées les plus connues nous pouvons citer Patrice Lumumba en République démocratique du Congo en 1961, Sylvanus Olympio au Togo en 1963, Marien Ngouabi en République populaire du Congo en 1977, Thomas Sankara au Burkina Faso en 1987, Mouamar El Khadaffi en Libye en 2011, Barthélemy Boganda en République centrafricaine etc. Parfois, la mainmise sur un pays se fera par la corruption. L'accord tacite sera le suivant : « tu me laisses prendre les matières premières à vil prix et je te laisse gouverner comme tu veux et aussi longtemps que tu le voudras ».

Étant donné que les médias internationaux sont entre les mains des grandes puissances ou des grands groupes financiers, il a toujours été facile de diaboliser un bon chef d'État africain, de l'affaiblir à l'intérieur et à l'extérieur de son pays jusqu'à le faire partir.

Inversement, la mauvaise gouvernance de dirigeants ayant accepté de se soumettre aux diktats des grandes firmes multinationales sera passée sous silence et le soutien de la communauté internationale leur sera garanti. C'est ici que l'ordre économique mondial s'appuie sur les médias pour sa légitimation.

Dans les années 1980, au sein de l'UNESCO, la Commission Sean McBride avait tenté de faire des propositions pour réguler le nouvel ordre mondial de l'information et permettre l'élaboration et la circulation d'informations contribuant « au renforcement de la paix et de la compréhension internationale, à la promotion des droits de l'homme et à la lutte contre le racisme, l'apartheid et l'incitation à la guerre ».[64]

---

[64] Bertrand Cabedoche, « Le rapport MacBride, conférence du consensus avant l'heure. L'expérimentation refoulée d'une médiation politique

Les travaux et propositions de cette commission sont restés lettre morte et les médias internationaux aux mains de grands groupes financiers peuvent continuer à relayer à longueur de journée des informations négatives sur l'Afrique en montrant que ce continent est victime de ses propres turpitudes, tout en taisant les déséquilibres et l'iniquité de l'ordre économique mondial.

En conséquence, les États africains n'ont pas pu, généralement, exercer pleinement leur souveraineté et ont connu une instabilité qui n'a pas permis de s'atteler durablement aux tâches de développement.

Dépendance économique des pays dits « indépendants »

L'indépendance politique des pays africains ayant été acquise dans un contexte de dépendance économique et financière envers les puissances coloniales, l'étude de la pauvreté et des moyens d'y mettre fin devinrent la grande préoccupation des économistes. Plusieurs écoles, plusieurs modèles de développement vont apparaître avec des solutions réelles pour la réduction de la pauvreté, mais toutes les solutions proposées avaient des limites.

Pour l'école d'inspiration libérale, la pauvreté était perçue comme un phénomène purement endogène caractérisé par le retard économique d'un pays par rapport à l'Occident industrialisé. Pour cette école, des facteurs internes expliqueraient ce phénomène et la solution serait à chercher dans la meilleure façon de combler ce retard. Ces facteurs seraient à titre d'exemple l'accès à l'éducation, les soins de santé, l'alimentation, les techniques de production, manque de financement, etc.

---

originale, porteuse d'un espace public sociétal et des valeurs fondatrices de l'Unesco », in *Les Enjeux de l'information et de la communication* 2011/1 (n° 12/1), pages 69 à 82.

Quant à l'école marxiste, elle a vu dans la pauvreté un phénomène exogène, spécialement le fait que le continent africain avait pendant plusieurs siècles subi la domination de puissances étrangères depuis l'esclavage jusqu'à la colonisation. Pour cette école, c'est le système économique international et la domination qui entretenaient la pauvreté.

En fait, l'école marxiste énonçait les causes du sous-développement pendant que l'école libérale présentait les manifestations de ce phénomène. Sans entrer dans un débat scientifique, nous constatons simplement que l'indépendance n'a pas mis fin à la grande dépendance de l'Afrique envers les colonisateurs d'hier. Cette grande dépendance a pris d'autres formes.

En fait, l'Afrique étant un réservoir de matières premières pour les industries des pays industrialisés, les grandes puissances ont pris les précautions nécessaires pour que ces sources d'approvisionnement ne leur échappent pas avec les indépendances nouvellement acquises.

Indiquons, enfin, que le phénomène de la détérioration des termes de l'échange, également appelé « l'échange inégal », a contribué également à maintenir les pays africains dans la pauvreté.

En fait, les pays industrialisés se sont mis à dicter les prix des matières premières en les réduisant régulièrement. Simultanément, les prix des produits finis venus des pays industrialisés, eux, devenaient plus chers.

Dans de telles conditions, la balance commerciale des jeunes nations africaines ne pouvait qu'être de plus en plus déséquilibrée d'année en année. Quant au budget des États nouvellement indépendants, il ne pouvait s'équilibrer que par le recours à l'aide publique des pays riches et à l'endettement extérieur. Cette stratégie, elle-même allait s'avérer catastrophique parce qu'elle allait accroître la dépendance sans résoudre les problèmes économiques fondamentaux. Ce fut le cycle vicieux du sous- développement. En fait, au cours des années, l'écart entre les pays industrialisés et les pays africains n'a fait que se creuser et cela ne pouvait conduire à long terme qu'à une forme de recolonisation économique de l'Afrique[65].

Dans ce contexte, plusieurs pays ont eu recours aux nationalisations des moyens de production pour essayer d'arriver à une indépendance économique. Pour illustration, citons la nationalisation du canal de Suez par le président égyptien Gamal Abdel Nasser le 26 juillet 1956. Cette nationalisation a eu l'effet d'un coup de tonnerre et a marqué un tournant dans les relations entre l'Occident et le Tiers monde[66]. La France, le Royaume-Uni et l'État d'Israël dépêchèrent des contingents militaires pour empêcher cette nationalisation, mais les États-Unis et l'URSS s'opposèrent à cette intervention et les soldats de la coalition franco-anglo-israélienne furent rapatriés.

Après leur indépendance, plusieurs autres pays africains auront recours à des nationalisations pour mobiliser les ressources nécessaires à leur développement, notamment l'Algérie et le Congo-Kinshasa, la Libye, etc. Cependant, cette stratégie a eu des résultats limités entre autres du fait qu'elle allait décourager de futurs investisseurs. Les institutions de Bretton Woods allaient également mettre en place des conditionnalités préalables à leurs financements, dont la privatisation des secteurs économiques aux mains de l'État. L'aide au développement demeurera donc l'un des modes privilégiés de financement des économies africaines.

Comment expliquer l'inefficacité de l'aide au développement en ce qui concerne l'Afrique alors que,

---

[65] Tibor Mende, *De l'aide à la recolonisation, les leçons d'un échec,* Édition du Seuil, 1972.
[66] Eric Rouleau, « 1956, coup de tonnerre sur le canal de Suez », *Le monde diplomatique*, juillet-août 2001.

auparavant, les États-Unis d'Amérique avaient initié avec succès, de 1948 à 1952, le plan Marshall pour financer le redressement économique de quatorze pays européens ravagés par la Deuxième Guerre mondiale avec un montant global de 13 milliards USD ($)[67] ?

L'Afrique aurait perçu dans la décennie 1960 plus d'un trillion USD[68]. La plupart de cette aide a consisté en prêts concessionnels[69] à long terme et à faible taux d'intérêt octroyés par la Banque mondiale (BM) ou de fonds octroyés par le Fonds monétaire international (FMI) au titre de la stabilisation du système financier international. D'autres fonds étaient octroyés au titre de l'aide bilatérale par des pays industrialisés. Pour relativiser ces chiffres, il faut bien noter qu'une bonne partie de cette aide était dépensée dans les pays donateurs pour les études, pour la livraison de divers équipements, pour les salaires des experts, etc.

L'Europe a réussi à se relever avec le Plan Marshall parce que les infrastructures physiques, légales et sociales existaient déjà avant la Seconde Guerre mondiale[70]. Dans le cas de l'Afrique, le contexte était totalement différent. Au lendemain des indépendances, les infrastructures laissées par la colonisation étaient généralement très insuffisantes pour enclencher un décollage économique. Les ressources humaines n'étaient pas disponibles en quantité suffisante. Il faut bien comprendre ici que la mise en marche d'un nouveau système politique et économique n'était pas chose aisée à faire en Afrique du seul fait de l'indépendance qui du reste n'était que nominale.

---

[67] Dambisa Moyo, *Dead aid*, Penguin group, 2009, p. 35.

[68] *Idem*.

[69] Un « prêt concessionnel », également appelé « prêt à conditions préférentielles », est un prêt dont le taux d'intérêt est inférieur aux taux du marché.

[70] Ib*Idem*.

Le facteur géopolitique va aussi jouer un rôle négatif parce que les puissances coloniales vont octroyer une aide au développement à leurs anciennes colonies juste pour s'assurer un contrôle politique sur eux. Les impératifs de la guerre froide entre les États-Unis et l'Union soviétique feront que les grandes puissances seront amenées à se partager le monde en zones d'influence. Ainsi, ils accorderont une aide aux pays africains dans le cadre de la guerre froide juste pour garder des pays dans leurs zones d'influence.

Eu égard à ce qui précède, il est tout à fait clair que l'objectif de l'aide n'était pas la viabilité des projets ni les conditions de vie des populations. Les bourgeoisies nationales ayant intégré les cercles du pouvoir ou opérants dans les marchés d'État l'ont si bien compris qu'elles n'ont généralement pas raté une occasion de se servir avant de servir la population. Après les indépendances, l'aide publique a été aussi octroyée aux jeunes États pour les maintenir artificiellement en vie et éviter que soient mises en œuvre de nouvelles alternatives, de nouvelles options qui pourraient mettre fin aux relations de dépendance économique.

L'autre problème à résoudre dans l'État postcolonial africain était la question de la formation. Ce problème demeure crucial dans la mesure où persiste l'inadéquation entre la formation et les besoins liés à la production et à la gestion dans les pays. La réhabilitation des universités africaines tout en les dotant de programmes conformes aux besoins du pays est d'une grande nécessité.

Au début des années 1980, les pays industrialisés se sont lancés à la reconquête des pays du Tiers monde sous de nouvelles formes. Les sociétés multinationales imposaient leurs lois, le contrôle des pays sur leurs ressources nationales était remis en cause notamment avec la politique des ajustements structurels et la privatisation des entreprises d'État. La dette étranglait les économies et les peuples étaient amenés à payer plusieurs fois les sommes qu'ils avaient empruntées.

Un demi-siècle après la période des indépendances, force est de constater que ni l'aide au développement, ni l'endettement, ni les nationalisations n'ont réussi à résoudre la question du sous-développement et de la pauvreté. Tous les remèdes proposés par les institutions de Bretton Woods ont échoué à mettre l'Afrique sur le chemin de la prospérité.

L'aide au développement, le programme de stabilisation et d'ajustement structurel, le programme de croissance et réduction de la pauvreté, les mesures politiques d'accompagnement telles que la bonne gouvernance, la démocratisation des institutions avec élections libres et transparentes ; tous ces ingrédients n'ont pas résolu le problème de la pauvreté dans la plupart des pays africains ;

Pour Dambisa Moyo, c'est le concept même de l'aide qui est la cause de la stagnation de l'Afrique ; une nouvelle stratégie devrait être trouvée et elle ne peut qu'être le fruit de la pensée des Africains eux-mêmes[71]. Pour ma part, je pense qu'il faut revenir à une stratégie très simple, à savoir la mobilisation intensive des ressources internes qui sont les recettes fiscales, parafiscales, et autres... Assurer ensuite, leur gestion rigoureuse pour le développement du pays.

Pour y arriver, il faudra appliquer une série de mesures, à savoir : un leadership visionnaire, une administration efficace, une décentralisation effective afin de rapprocher l'administration de la population, un projet de société bien articulé, la volonté politique d'exécuter les programmes de développement, une lutte efficace contre la corruption et l'enrichissement illicite, etc.

Un leadership visionnaire suppose que les partis politiques se structurent rationnellement sur la base de réels projets

---

[71] Loc. cit.

économiques et sociaux. La fin du parti unique à la fin des années 1980 et l'avènement du multipartisme aurait dû améliorer le fonctionnement des partis politiques et des États africains, mais l'ancienne classe politique a souvent réussi à se maintenir dans le cadre du multipartisme.

Corruption, gangrène des élites africaines

La corruption est l'un des plus gros freins au développement du continent africain. La corruption maintient les pays dans la grande dépendance économique. Elle cause à elle seule, annuellement, une perte estimée à 148 milliards de dollars (US) selon la Banque africaine de développement (BAD). Ce montant représente 25 % du PIB de l'Afrique. Cependant, les implications de la corruption vont au-delà des chiffres. C'est un cancer pour la société et l'économie.

Les jeunes États africains ont eu à faire face à une grande corruption qui demeure une grande préoccupation tant elle est difficile à éradiquer. Elle a commencé chez les élites et a progressivement gagné les échelons inférieurs des administrations. À ses débuts, la corruption est un phénomène invisible. Au fil du temps, la corruption devient un phénomène acceptable et commence à être officialisée tout en gagnant l'ensemble des sphères de la société.

Les méfaits de la corruption sont multiples : réduction des ressources financières du pays, paralysie de l'administration publique, inefficacité de la justice, découragement des investisseurs, etc. En fin de compte, la corruption bloque le développement du pays et empêche l'édification d'un État de droit.

Face au surendettement de la plupart des pays africains, le progrès ne passera que par la lutte contre la corruption afin de pouvoir dégager des ressources internes suffisantes pour financer l'économie.

Déficit du jeune leadership africain

En général, les premières élites africaines vont arriver au pouvoir dans les années 1950 et 1960 sans avoir une idée exacte de ce qu'il fallait faire.

Les élites africaines ont acquis une indépendance politique, mais se sont retrouvées confrontées à une situation macro- économique précaire des jeunes États et à une gestion difficile de la pauvreté de la population. Les infrastructures de base étaient presque inexistantes à l'intérieur des nouveaux États et celles interconnectant les différents États n'étaient pas suffisantes. Pris individuellement chaque État africain n'avait aucun pouvoir de négociation politique ni économique avec les pays industrialisés.

Ces nouveaux États ne pouvaient qu'être des proies faciles pour les prédateurs que sont les firmes multinationales collaborant avec les grandes puissances. Dans ce contexte, les nouvelles élites et États africains ne pouvaient rien contrôler. Les frontières héritées de la colonisation ont été un piège permanent parce que l'Afrique désunie pourra difficilement peser dans les diverses négociations internationales.

D'autre part, les élites africaines ne sont pas parvenues à concilier le maintien de leurs privilèges et la lutte contre la pauvreté de la population. De nombreux dirigeants se sont essentiellement préoccupés de capter les richesses de leurs pays au détriment de leur population.

Par ailleurs, une partie des étudiants africains formés en Occident n'est pas revenue en Afrique, et de nombreux autres sont revenus dans leurs pays avec des compétences et des projets inadaptés au contexte africain. Pour Kwame Nkrumah et nous le citons : « *armés de leur universalisme, ils rapportaient de l'université une attitude entièrement étrangère à la réalité concrète de leur peuple et de sa lutte.* [...] *Le degré de conscience nationale auquel ils parvenaient ne leur permettait pas de voir dans toute leur ampleur les lois du développement historique ni le caractère radical de la lutte qu'il fallait mener si on voulait conquérir l'indépendance nationale* »[72]. Autrement dit, une bonne partie des élites africaines a été défaillante, consciemment ou inconsciemment, mais pour être précis, il faudrait analyser le rôle des élites en tenant compte des particularités de chaque partie de l'Afrique.

Les pays africains étant parvenus à l'indépendance en suivant des chemins très différents, leurs gouvernances respectives après l'indépendance, devaient forcément présenter des caractéristiques différentes. L'un des facteurs qui va beaucoup influer sur la gouvernance après les indépendances sera le passé colonial.

Les anciennes colonies britanniques vont généralement bénéficier de l'expérience de la Grande-Bretagne en matière de gestion des colonies depuis l'indépendance des États-Unis en 1776 et du Canada en 1867. Au Ghana, au Nigeria, au Kenya, en Tanzanie, en Ouganda, etc., les nouveaux États indépendants accéderont à l'indépendance et se verront intégrés dans un vaste ensemble économique, le Commonwealth. Exception faite de l'Afrique australe où la Grande-Bretagne n'aura pas pu se désengager à temps eu égard aux énormes enjeux économiques et stratégiques.

Les Africains des colonies britanniques avaient eu accès à l'enseignement supérieur depuis le début du XXe siècle et les leaders de l'indépendance avaient une vision pour l'avenir de leurs pays. On peut citer à titre d'exemple, Kwame Nkrumah, Jomo Kenyatta, Mwalimu Julius Nyerere, Kenneth Kaunda, et bien d'autres. De vieilles universités avaient déjà été installées en Afrique telles que l'université d'Ibadan au Nigeria ou l'université Makerere en Ouganda.

---

[72] Kwame Nkrumah, *Le consciencisme*, Éditions Présence Africaine, 1976. pp. 11-72.

Les anciennes colonies françaises, à l'exception de la Guinée-Conakry, qui ont accédé à l'indépendance en restant dans la Communauté française vont connaître une relative stabilité. Différents accords furent signés avec la France dans les domaines de la défense et la coopération sans oublier l'accord monétaire qui fut à la base de la création du franc CFA. C'était le changement dans la continuité. Les leaders de l'indépendance avaient bénéficié d'une bonne formation de niveau supérieur et avaient pour certains exercé de hautes fonctions dans la métropole. Parmi les plus connus citons les présidents Léopold Sédar Senghor et Félix Houphouët Boigny qui eurent un siège à l'Assemblée nationale française avant l'indépendance du Sénégal et de la Côte d'Ivoire.

Les colonies portugaises ont eu un parcours très différent de celui des autres pays africains. Le Portugal a misé longtemps sur une assimilation de ses colonies qui étaient considérées comme des territoires portugais d'outre-mer. L'indépendance n'était pas envisageable. À ce titre, quelques rares Africains ont pu effectuer des études universitaires au Portugal. Nous citerons le Dr. Amílcar Cabral en Guinée-Bissau, Dr. Agostinho Neto en Angola, Dr. Eduardo Mondlane au Mozambique et bien d'autres.

Après l'indépendance, les anciennes colonies portugaises purent compter sur une élite bien formée, quoiqu'insuffisante. Après la révolution des œillets de 1974, les nationalistes africains ont été fortement soutenus par le parti communiste et le parti socialiste portugais qui ont gouverné le Portugal sur une longue période. Les relations avec les nouveaux états africains ne pouvaient qu'être bonnes.

Les nouveaux États indépendants seront dirigés par les mouvements de libération dont les relations avec l'URSS et le bloc de l'Est étaient très bonnes. Les cadres politiques formés du temps de la guérilla formeront la base de l'administration.

Le cas du Congo belge et du Ruanda-Urundi est tout à fait particulier. La même administration, connue sous le nom de « Trinité coloniale » (administration coloniale, clergé catholique, grandes entreprises) s'exerçait au Congo, au Rwanda et au Burundi. L'indépendance n'ayant pas été préparée par la Belgique, ces pays accéderont à l'indépendance dans la précipitation.

L'immense Congo avait moins de dix universitaires ; le Rwanda et le Burundi en avait moins de cinq chacun. Le Congo va s'écrouler comme un château de cartes le 5 juillet 1960, soit cinq jours après l'indépendance, suite à l'arrestation et plus tard l'assassinat du Premier ministre Patrice E. Lumumba. La suite sera une suite de mutineries, rébellions et sécessions qui vont rendre le pays ingouvernable jusqu'en 1965. En cette année, Mobutu fera son coup d'État militaire, va pacifier le pays et réussir l'unité nationale.

Cas du Rwanda : ethnisme au centre de la gouvernance

« Il est devenu axiomatique que les puissances coloniales n'abandonnent pas volontairement le contrôle politique sur un territoire donné. Avant de se retirer, ils font des efforts surhumains pour créer des schismes et rivalités qu'ils espèrent exploiter après être partis ».[73]

S.E Kwame Nkrumah. Africa Must Unite.

Au Rwanda, l'indépendance fut accordée le 1er juillet 1962. L'administration coloniale et les missionnaires qui avaient la charge de la plupart des écoles avaient privilégié la formation des cadres moyens (assistants médicaux, assistants

---

[73] *« It is becoming axiomatic that colonial powers do not willingly retire from political control over any given land. Before they go they make superhuman efforts to create schisms and rivalries which they hope to exploit after they have gone. »* S.E Kwame Nkrumah

agronomes, assistants administratifs, instituteurs, etc.) qui avaient vocation à être des auxiliaires de l'administration coloniale. L'Église avait également formé des jeunes au niveau des petits et grands séminaires. Il y avait une absence quasi totale de cadres de l'enseignement supérieur. La gouvernance allait en pâtir.

Grégoire Kayibanda, leader du parti MDR-Parmehutu, un « protégé » de l'administration belge ainsi que du clergé catholique devint président de la République en 1961 après des élections controversées et organisées dans un climat de terreur et en l'absence de beaucoup de leaders de l'UNAR (Union nationaliste rwandaise) exilés dans les pays limitrophes.

La particularité de la conquête du pouvoir par le MDR-Parmehutu est qu'elle fut soutenue politiquement et militairement par les autorités coloniales, encouragée et en partie instiguée par la haute hiérarchie de l'Église catholique rwandaise, qu'elle ne se fît pas sur la base d'un projet nationaliste d'émancipation de la population du pays, mais sur la base de l'éviction ou de l'élimination pure et simple d'une partie du peuple rwandais : les Tutsi du Rwanda.

Les violences anti-tutsi ont débuté en 1959 avec des massacres, des incendies systématiques de maisons, suivis de pillages de leurs biens. De ces troubles est né l'exil de dizaines puis de centaines de milliers de Tutsi qui n'allait se terminer qu'en 1994 avec le retour au pays de ces réfugiés.

Dans son livre intitulé « *Mission au Rwanda : un Blanc dans la bagarre Tutsi-Hutu* »[74], le Colonel Guy Logiest, nommé « Résident spécial » du Rwanda à partir de 1959, va reconnaître ses accointances avec Grégoire Kayibanda et son

---

[74] Colonel Guy Logiest, *Mission au Rwanda : un blanc dans la bagarre Tutsi-Hutu*, Éditions Didier Hatier, Janvier, 1988.

rôle personnel dans les troubles politico-ethniques ainsi que le climat de terreur qui prévalaient dans le pays à l'époque.

Grégoire Kayibanda était un ancien séminariste formé à l'archevêché de Kabgayi qui avait été le secrétaire particulier de Monseigneur Perraudin et le rédacteur en chef du principal périodique catholique en langue rwandaise, *Kinyamateka*.

Cet homme, adoubé par l'autorité coloniale et ecclésiale pour protéger les intérêts belges et catholiques après l'indépendance n'avait pas eu l'occasion de fréquenter les grands leaders africains pour confronter ses idées à celles des autres leaders. Son seul voyage à l'étranger se fit en Belgique où il reçut une formation journalistique et politique au sein des milieux cléricaux et démocrates chrétiens.

Le choix de soutenir un homme comme Kayibanda fut pris dans un contexte où les puissances occidentales avait conscience que le mouvement des nations africaines vers l'indépendance était inéluctable, où l'Église catholique depuis toujours alliée aux autorités coloniales craignait d'être chassée d'Afrique en même temps que les colons, et où les gouvernements des métropoles comme la hiérarchie catholique craignaient par-dessus tout que les nationalistes africains rejoignent ou s'appuient sur le camp communiste.

Sur la base de documents d'archives Jean-Luc Galabert rapporte qu'aux yeux du colonel Logiest, catholique bigot et anticommuniste notoire qui appuya militairement la prise de pouvoir du MDR-Parmehutu *« l'unique solution souhaitable pour le Rwanda était de se doter d'un gouvernement autoritaire, sous l'égide d'un parti unique, hutu, catholique et anticommuniste, seul capable de diriger un peuple doté, selon, lui d'une mentalité de serf, et d'éviter que celui-ci ne cède aux sirènes du communisme. »*[75]

[75] J-L Galabert *Nous ne fêterons plus jamais Noël. Rwanda 1961-1964 Genèse d'une politique génocidair*e, Éditions Izuba, 2022, p. 45.

Le président Grégoire Kayibanda donnera entière satisfaction à ses parrains puisque la première constitution du Rwanda consacrera le pays comme une république chrétienne où toute action et propagande communiste seront interdites. En créant son parti, le MDR-Parmehutu, sur une base ethnique, Grégoire Kayibanda et ses complices précipitèrent le pays dans un piège mortifère : le « piège ethnique ».

Par un tour de passe-passe rhétorique et idéologique, la définition des problèmes du Rwanda à la fin des années 1950 en termes ethniques permit à la Tutelle belge et à l'Église catholique d'être dédouanées de toute responsabilité dans la situation sociale, économique et politique du pays alors même que ces deux institutions avaient rendu obligatoire l'identification inédite de chaque Rwandais sur une base ethnique, en dépit de l'unité culturelle de la population[76], et avaient organisé et institué la discrimination ethno-raciale dans les écoles et les administrations du pays.

Cette faillite idéologique allait conduire son parti et le pays dans une impasse. Au lieu d'être le président de toute la nation rwandaise, Grégoire Kayibanda se proclamera le chef d'une ethnie. La politique ethniste de la première république entrait dans la stratégie du colonisateur en vertu du vieux principe : « diviser pour régner ». L'idéologie officielle se manifestera par la promotion des Hutu et la marginalisation des Tutsi considérés, à tort, comme étant tous des membres de l'Union nationaliste rwandaise (UNAR). La majorité d'entre eux étaient des agriculteurs-éleveurs qui n'avaient pas encore adhéré à aucun des partis politiques. Certains Tutsi étaient des membres du Rassemblement démocratique républicain (RADER) plus favorable à la Belgique. Des Hutu étaient également membres du Parti UNAR. Après une première vague d'exilés en 1959, il y aura plusieurs autres

[76] Voir supra les paragraphes « Une nation multiséculaire » et « Unité culturelle du peuple rwandais ».

vagues successives de réfugiés dont celles de 1963-1964 après des massacres génocidaires de grande ampleur dans certaines régions du pays, ou encore celles de 1973-1974, après l'expulsion des Tutsi des établissements scolaires et universitaires et de la fonction publique.

Pour les Tutsi qui vont rester au Rwanda, la suite sera une histoire faite de persécutions, d'injustices sociales au niveau de l'éducation et de l'emploi, discriminations, spoliation de biens faite à cette partie de la population rwandaise qui va conduire par un enchaînement de processus au génocide des Tutsi de 1994[77].

En effet, l'ethnie étant mentionnée dans la carte d'identité, la discrimination au niveau de l'enseignement va se faire avec le système des quotas ethniques et l'accès à l'emploi au sein de l'administration publique sera verrouillé[78].

Après l'indépendance, les gouvernements successifs n'ont jamais eu une politique cohérente de rapatriement des réfugiés. Le problème des réfugiés rwandais présents dans les pays limitrophes du Rwanda s'est aggravé au fil du temps. Par une sorte d'aveuglement ethnique, le gouvernement de Kigali n'a jamais traité ce problème de façon cohérente et approfondie. Le processus de démolition de la nation rwandaise était en marche.

La deuxième république dirigée par le président Juvénal Habyarimana (1973-1994) fait suite au coup d'État militaire du 5 juillet 1973. Le Mouvement révolutionnaire national pour le développement (MRND) se dotera d'un discours unificateur et pacifiste. Cependant, la nature profonde de la deuxième république ne sera pas différente de celle de la première république. Elle ne parviendra pas à ramener la

---

[77] Antoine Mugesera. *Les conditions de vie des Tutsi au Rwanda de 1959 à 1990*. Édition Dialogue, Kigali & Izuba éditions, 2014, pp. 246-247, 256-257.
[78] *Idem.*

concorde et l'unité nationale ainsi que le retour des réfugiés. Outre les problèmes ethniques, les deux républiques sont minées par le régionalisme, le népotisme, le favoritisme et la corruption.

Enfin et curieusement, à la cérémonie du vingtième anniversaire de l'indépendance du Rwanda, le 1er juillet 1982, ce furent de hauts fonctionnaires belges d'avant l'indépendance, tels que l'ancien vice-gouverneur général Jean-Paul Harroy et l'ancien Résident spécial pour le Rwanda, le colonel Guy Logiest, qui furent décorés. Il était paradoxal et indécent d'honorer des administrateurs coloniaux alors que les nationalistes rwandais étaient toujours en exil lors d'une célébration de la Fête de l'indépendance. Les autorités rwandaises de l'époque honoraient en fait ceux qui avaient parrainé la république ethniste qu'ils dirigeaient. Les nouvelles élites politiques de la première république (1962-1973) et de la deuxième république (1973-1994), ne pouvant pas oser déplaire aux parrains qui leur avaient octroyé le pouvoir en 1962, elles ne pouvaient pas non plus envisager des solutions profondes aux multiples problèmes socio-économiques de la société rwandaise.

La discrimination des Tutsi depuis l'indépendance va se transformer petit à petit en idéologie du génocide. Le manque d'un leadership compétent, l'exacerbation des contradictions liées à la pauvreté grandissante, le manque de cohésion nationale, les injustices, la corruption, la question des réfugiés, etc. vont conduire à la guerre de libération de 1990. Le cas du Rwanda va devenir en 1994 l'illustration même d'une faillite idéologique dans le chef des partis et leader politiques.

Fragilisation des leaders et des institutions politiques

Les indépendances qui interviendront dans la seconde moitié du XXe siècle ne changeront presque rien à l'ordre économique mondial. La place subalterne de l'Afrique est restée la même. Cela ne veut pas dire que l'Afrique n'a rien fait pour améliorer sa place dans l'ordre mondial et obtenir de meilleures conditions de vie pour la population. Tout simplement, la puissance militaire des puissances coloniales a toujours été mise à contribution pour maintenir l'Afrique au bas de l'échelle de l'ordre mondial. Pour s'en convaincre, il faut noter le nombre de nationalistes africains qui semblaient être porteurs d'un projet de société susceptible d'améliorer le sort de leurs pays et qui ont été assassinés dans l'exercice de leurs fonctions. Patrice Émery Lumumba au Congo-Kinshasa, le Mwami Rudahigwa Mutara IV au Rwanda, le Prince Louis Rwagasore au Burundi, Samora Machel au Mozambique, Sylvanus Olympio au Togo, Thomas Sankara au Burkina Faso, Mouammar Kadhafi en Libye, etc.

Par contre, la sécurité et le soutien des leaders dits « modérés » qui allaient accepter le maintien de l'Afrique dans le statu quo seront soutenus par les anciennes métropoles. Beaucoup de coups d'État ont été inspirés par les grandes puissances pour bloquer tout changement.

En la matière, il est tout à fait clair que l'assujettissement de l'Afrique s'est fait et continue à se faire d'abord par la force militaire et ensuite par l'exploitation économique. La question qui se pose ici est celle de la souveraineté des États africains. Parmi les attributs de la souveraineté, nous retrouvons la défense du territoire et le contrôle de la monnaie. Le constat actuel est que bon nombre de pays africains n'ont pas le contrôle militaire de leur territoire ; d'autres pays ne contrôlent pas leur monnaie ; d'autres encore n'ont ni le contrôle militaire ni le contrôle de la monnaie. Bref, le préalable à toute indépendance est la conquête effective de la souveraineté. Une fois la souveraineté acquise, le pays pourra se doter d'un leadership indépendant et d'un bon projet de société.

Thomas Sankara, président du Burkina Faso durant la période de la première révolution burkinabaise commencé le 4 août 1983. Il, sera renversé et assassiné le 15 octobre 1987 pour avoir, entre autres, osé conduire une politique anti-impérialiste, socialiste, panafricaniste et tiers-mondiste.

Source : Getty Images

V.

La question des réfugiés et la libération du Rwanda

La libération du Rwanda du joug de la dictature du général- major Juvénal Habyarimana est l'un des évènements majeurs de la fin du XXe siècle dans la région des Grands Lacs.

À la fin du XXe siècle, suite à la chute du Mur de Berlin (1989) et la fin de la guerre froide entre les deux superpuissances, États-Unis et Union soviétique, la géopolitique mondiale connaît de profonds changements qui auront pour conséquence, entre autres, un vent de démocratisation qui va souffler sur l'Afrique.

Si certains pays africains ont réussi une évolution pacifique vers la démocratie, d'autres n'ont pas su le faire. Le Rwanda, en particulier, n'a pas su prendre à temps le virage comme il le fallait.

Le président Juvénal Habyarimana régnait avec ce que l'histoire retiendra comme un « Akazu », c'est-à-dire un petit groupe de dignitaires qui jouissait de l'appui total de l'Occident.

En effet, la France qui maintient un grand contrôle sur bon nombre de pays africains francophones a mis pied également au Rwanda dans les années 1980 pour influer sur la politique du pays à travers des accords bilatéraux de défense et de coopération. À ce moment, l'Église catholique, la Belgique, la France et d'autres pays occidentaux exerçaient sur ce pays une sorte de parrainage qui cachait la mauvaise gouvernance ainsi que l'aspiration de la majorité des Rwandais à un profond changement.

Pour comprendre les origines de la lutte de libération du Rwanda, quelques évènements majeurs méritent d'être rappelés.

Les massacres récurrents des populations tutsi en 1959, 1963 et 1973 avaient fait plusieurs milliers de morts et mis sur la route de l'exil plusieurs centaines de milliers de réfugiés qui se sont éparpillés dans les pays limitrophes et plus loin à travers le monde entier. En 1990, la population rwandaise contrainte de vivre hors de sa patrie, dont une nombreuse jeunesse née en exil, était estimé à deux millions de personnes.[79]

Fin 1982, Milton Obote le président ougandais décide d'expulser un groupe de réfugiés rwandais vers leur pays d'origine.

Le journal *Le patriote* du Front patriotique rwandais (FPR) dans sa livraison d'octobre 1989 rapportait que sur ordre express du président Juvénal Habyarimana en personne, les frontières nationales y compris l'espace aérien du Rwanda avaient été fermées, en 1982, aux exilés rwandais fuyant la terreur déchaînée des bandes armées de Milton Obote le président ougandais[80].

Plusieurs initiatives des réfugiés rwandais pour négocier un retour pacifique au pays, avec l'aide du Haut-

---

[79] La revue rwandaise, Journal du front patriotique rwandais.

[80] Journal *Le patriote* du Front patriotique rwandais, édition d'octobre 1989.

Commissariat des Nations unies pour les réfugiés, n'aboutiront à rien.

Du 17 au 20 août 1988, à la conférence de Washington, des réfugiés rwandais venus des quatre coins du monde affirmèrent leur droit inaliénable à rentrer dans leur pays. Le gouvernement rwandais qui avait été invité à la conférence ne s'est pas présenté.

Le 5 avril 1989, le numéro 1474 de *Jeune Afrique* publie une interview du président Juvénal Habyarimana. On pouvait lire notamment *« nous sommes prêts à les recevoir* [les réfugiés], *mais nous ne prétendons pas qu'ils viennent habiter ici* [...], *si nous sommes cent dans une petite salle et que cinquante personnes de l'extérieur veulent y entrer, tout ce que nous pouvons leur dire c'est... vous avez le droit, mais il n'y a pas de place »*[81].

À partir de là, il était clair que les réfugiés rwandais n'avaient d'autre voie pour rentrer dans leur pays que l'usage de la force.

Recours ultime à la lutte armée pour le retour au pays

Le 1er octobre 1990, le premier groupe de réfugiés venant de l'Ouganda, conduit par le général-major Fred Rwigema, retourne au Rwanda par la force et traverse la frontière rwandaise au poste de Kagitumba. La guerre de libération du Rwanda venait de commencer. D'autres réfugiés venus du Burundi, de la Tanzanie, du Kenya, de la RD Congo (ex-Zaïre) ainsi que d'autres pays d'Afrique, d'Europe et d'Amérique vont rejoindre la rébellion. Le FPR et sa branche armée, l'Armée patriotique rwandaise (APR), font la une des journaux du monde entier.

---

[81] *Jeune Afrique*, n° 1474 du 5 avril 1989.

Dans la nuit du 4 au 5 octobre 1990, des tirs d'armes automatiques sont entendus à Kigali pendant plusieurs heures et l'armée gouvernementale déclarera que les rebelles s'étaient infiltrés dans la capitale Kigali. Pour la rébellion du FPR, il s'agissait d'une simulation de combats avec la rébellion qui avait pour objectif : primo de pousser les pays amis à intervenir militairement pour empêcher la chute du régime du président Juvénal Habyarimana et secundo de fournir le prétexte à l'arrestation de civils accusés d'être des espions de la rébellion, les « ibyitso » en langue kinyarwanda.

Les 4 et 5 octobre 1990, une dizaine de milliers de personnes, accusées d'être des complices du FPR, sont arrêtées à Kigali et parquées au stade Amahoro avant d'être transférées à la prison centrale de Kigali connue sous l'appellation de « 1930 ». Tortures et exécutions sommaires de certaines d'entre elles.

François Mitterrand, président de la République française,
et Juvénal Habyarimana, président du Rwanda.
Source : Getty Images

Véritables otages, les rescapés seront relâchés deux mois après, sous intervention de la Croix rouge.

Le 4 octobre 1990, la France met en place l'opération militaire *Noroît* et la Belgique l'opération *Green Beam* afin d'envoyer des troupes avec pour mission officielle d'évacuer les ressortissants de leurs pays. Pour tout observateur averti, la mission officielle était très ambiguë et la suite des évènements le montrera. Pour sa part, la RD Congo (ex-Zaïre) participera également pour une mission officielle très claire, à savoir le soutien au régime du président Juvénal Habyarimana avec l'envoi de 3000 soldats d'élite de la Division spéciale présidentielle (DSP). Par la suite, la France enverra également le Détachement d'assistance militaire à l'instruction (DAMI).

Le général-major Fred Gisa Rwigema qui lança la rébellion du FPR le 1er octobre 1990 au Rwanda.

Le commandant des rebelles de l'APR, le général-major Fred Gisa Rwigema, meurt le lendemain de l'attaque, soit le 2 octobre 1990. Ce décès inopiné va nécessiter une réorganisation complète du FPR. À l'époque, le major Paul Kagame effectuait un stage à Leavenworth (USA). Il plia bagage pour rejoindre immédiatement la rébellion et arrivera dans le maquis au nord du Rwanda le 3 novembre 1990[82].

Les évènements vont se précipiter parce que le major Paul Kagame devient le nouveau commandant en chef de l'APR et vice-président de la rébellion du FPR dont le président devient le colonel Alexis Kanyarengwe, ancien proche collaborateur du président Juvénal Habyarimana, exilé après une présumée tentative de coup d'État en 1980.

Le major Paul Kagame réorganise le FPR très rapidement et en fait un mouvement politico-militaire très bien structuré avec une idéologie cohérente, à savoir[83] :

1. Restaurer l'unité nationale ;

2. Préserver la souveraineté nationale et la sécurité des biens et des personnes ;

3. Mettre en place un système de gouvernance fondée sur la démocratie ;

4. Bâtir une économie basée sur les ressources propres du pays ;

5. Éradiquer la corruption, le favoritisme, la mauvaise gestion des ressources du pays et autres vices connexes ;

6. Promouvoir le bien-être de la population ;

7. Éradiquer définitivement les causes du phénomène des réfugiés et rapatrier les réfugiés ;

---

[82] Nyamwasa Daniel, *Le mal rwandais*, Izuba Éditions, 2017, p. 304.
[83] *Idem* pp. 258, 324-329.

8. Entretenir de bonnes relations entre le Rwanda et les autres pays, fondées sur le respect mutuel, la coopération et les échanges ;

9. Lutter contre le génocide et son idéologie. (point ajouté après le génocide perpétré contre les Tutsi de 1994)

La réorganisation de l'APR se manifestera par la prise de la prison de la ville de Musanze (ex-Ruhengeri) le 23 janvier 1991 et la libération de 1500 prisonniers. L'année suivante, l'APR réussissait à occuper le chef-lieu de la préfecture de Byumba du 5 juin au 10 juin 1992. Ces attaques montreront que l'APR qui avait attaqué le 1er octobre 1990 à Kagitumba dans le nord-est près du parc de l'Akagera avait étendu ses opérations jusque dans les volcans dans le nord-ouest du pays.

L'APR va progressivement s'installer définitivement dans tout le nord du pays sur une ceinture allant de l'est à l'ouest. Très rapidement, le rapport de force sur le terrain va pencher du côté de l'APR qui pouvait compter sur les qualités de grand stratège du Major Paul Kagame le commandant en chef ainsi que la détermination des Afandé, nom donné aux chefs de bataillon, ainsi que les hommes de troupe motivés par la perspective de quitter le statut de réfugié et de rentrer définitivement dans le pays de leurs ancêtres.

Accords de paix et de partage du pouvoir

De 1990 à 1993, les Forces armées rwandaises (FAR) sont formées et réorganisées par l'armée française pour organiser des contre-attaques contre l'APR. Malgré le soutien français, les FAR ne parviennent pas à contenir la guérilla de l'APR. Les Accords de cessez-le-feu de la N'sélé (Kinshasa) seront signées le 29 mars 1991 tandis que les Accords de paix définitifs seront signés à Arusha en Tanzanie après deux années, le 4 août 1993. Ces accords de paix sont le résultat du grand succès des rebelles du FPR sur le front. Cependant, la mise en application de ces accords posera beaucoup de problèmes parce que l'aile dure du pouvoir de Kigali s'y opposera.

Le président Juvénal Habyarimana ne cessera de souffler le chaud et le froid, en soutenant et signant divers accords avec le Front patriotique rwandais et en les dénonçant aussitôt après. Pour illustrer cette duplicité, on peut citer le fait qu'après avoir affirmé lors d'une déclaration radiodiffusée à l'occasion de la Fête des Forces armées rwandaises le 26 octobre 1992, son soutien sans faille au processus de paix et aux négociations d'Arusha, ainsi que son acceptation de l'intégration des éléments armés du FPR au sein des Forces armées rwandaises, moins d'un mois plus tard, le président Habyarimana qualifia les Accords d'Arusha de « chiffons de papier » devant la foule de ses partisans fanatisés réunis à Ruhengeri[84] le 15 novembre 1992. Cette démarche irresponsable allait conduire le pays vers une impasse politique.

Entre-temps, l'extermination systématique des Tutsi va se poursuivre dans l'indifférence totale de la communauté internationale. Nous citerons les tueries de Kibilira en 1990, du Bugesera en 1993, de Kibuye en 1993, etc.

Au début de l'année 1994, l'installation du Gouvernement de transition à base élargie (GTBE) prévu par les Accords d'Arusha est reportée semaine après semaine, malgré plusieurs tentatives infructueuses. Ce report augmente la méfiance de chaque partie et recule la démobilisation des forces armées prévue dans les accords d'Arusha. Des machettes sont importées par l'entourage du président Juvénal Habyarimana, tandis que le FPR se renforce et la tension monte à partir de fin janvier 1994. Les dignitaires du FPR, députés et ministres, qui devaient faire partie du GTBE

---

[84] Daniel Nyamwasa, 2017, *op. cit.* p. 337.

étaient arrivés à Kigali le 28/12/1993 et avaient été installés dans le bâtiment du parlement, appelé le Conseil national pour le développement (CND). En application des accords d'Arusha, les dignitaires du FPR avaient été escortés par le 3e bataillon de l'APR, composé de 600 soldats[85]. Apparemment, la guerre était terminée et le processus de mise en application des accords de paix allait commencer.

Malheureusement, le processus politique va être stoppé par le déclenchement du génocide contre les Tutsi.

---

[85] Ib*Idem*. p. 337.

VI.

Génocide contre les Tutsi et offensive du FPR pour l'arrêter

Le génocide contre les Tutsi est l'un des crimes contre l'humanité les plus graves qui ont été commis sur le sol africain. Un million de mort en cent jour, soit dix mille victimes par jour. C'est l'illustration majeure du mauvais leadership et de la mauvaise gouvernance de la première et deuxième République au Rwanda.

Un génocide planifié par des gouvernements extrémistes

Le génocide perpétré contre les Tutsi a été prémédité, planifié et mis en œuvre par un régime génocidaire. Pour le comprendre, il faut se référer aux mécanismes politiques et idéologiques qui ont été mis en œuvre depuis l'accession du pays à l'indépendance[86]. L'origine de ce projet d'extermination des Tutsi est à chercher dans l'idéologie du

[86] Antoine Mugesera, 2014, *op. cit.* p. 141.

MDR-Parmehutu[87], fondé par Grégoire Kayibanda, ancien secrétaire particulier de Monseigneur Perraudin et qui deviendra le premier président de la République du Rwanda.

Le « Manifeste des Bahutu » rédigé en 1957 est considéré comme le texte fondateur de la politique ethniste qui marquera les premières décennies du Rwanda indépendant[88].

En accédant au pouvoir le 1er juillet 1962, le MDR-Parmehutu a développé une politique d'exclusion des Tutsi des institutions publiques. Ce parti fondait son idéologie sur la promotion des Hutu et sur la marginalisation des Tutsi considérés comme étrangers au Rwanda. Le but ultime de cette idéologie était d'aboutir, avec le temps, à la purification ethnique du pays et à la mise en place d'une république mono-ethnique.[89]

Cette idéologie a reçu la caution de certains milieux politiques et religieux européens qui s'intéressaient au Rwanda qui s'est traduite par un appui inconditionnel aux régimes politiques qui ont dirigé le Rwanda depuis l'indépendance jusqu'en 1994.[90]

Au cours des troubles politiques de 1959 orchestrés par le colonel Guy Logiest le Résident spécial belge qui dirigeait les bataillons de para-commandos belges, les Tutsi ont été chassés de leurs foyers, des assassinats et des massacres

---

[87] A. Hildebrand Karangwa, *Parmehutu (1959-1973) : Imwe mu nkomoko za Jenoside yakorewe Abatutsi muri 1994,* Kigali 2020, p. 38.

[88] Antoine Mugesera, 2014, *op. cit.* pp. 20-21.

[89] Paul Rutayisire et al., *Histoire du Rwanda. Des origines à la fin du XXe siècle,* Kigali 2016, p. 410. Voir aussi Antoine Mugesera, Rwanda 1959-1962. La Révolution manquée. Anthologie-Vol. 2, Izuba Editions, 2018.

[90] La même caution s'observe aujourd'hui à l'égard du FDLR (Front démocratique pour la libération du Rwanda) qui souhaite toujours attaquer le Rwanda à partir des pays limitrophes du Rwanda pour achever le Génocide contre les Tutsi de 1994. Cela se manifeste par la grande tolérance politique à l'égard de ce mouvement génocidaire et terroriste ainsi qu'à la grande liberté de mouvement dont jouit ses leaders en Europe.

sporadiques ont eu lieu, des maisons des Tutsi ont été incendiées et ces derniers ont fui par milliers en Ouganda, au Burundi, au Zaïre et en Tanzanie.

Au cours des années soixante, plusieurs tentatives peu organisées de retour armé des exilés ont été repoussées par l'armée rwandaise encadrée par des officiers de l'armée belge. Ces incursions de rebelles au régime en place ont toujours été suivies par des représailles massives et des tueries de Tutsi restés au pays. Le premier massacre important de Tutsi a eu lieu en mars 1962 en préfecture de Byumba où fut inaugurée une politique de « représailles à grande échelle » contre les Tutsi de la région.[91] Le nombre de victimes de ces représailles est estimé à deux mille personnes. À la fin de l'année suivante et au début de l'année 1964, entre huit et dix-huit mille hommes, femmes et enfants ont été massacrés dans diverses régions du Rwanda. Dans son édition du 4 février 1964, le journal *Le Monde* a évoqué un génocide et *Radio Vatican* a parlé, à ce moment-là, du plus « terrible génocide jamais perpétré depuis celui des Juifs ».[92]

L'année 1973 sera également un cauchemar pour les Tutsi. Les élèves, les étudiants ainsi que les professeurs tutsi vont être violemment exclus des écoles secondaires et de l'université. Au même moment, des massacres de Tutsi ont eu lieu un peu partout dans le pays. Une nouvelle vague d'exilés s'ensuivit et le général-major Juvénal Habyarimana profita du climat de chaos et d'insécurité crée dans le pays pour prendre le pouvoir à la suite d'un coup d'État le 5 juillet 1973.

Le président Juvénal Habyarimana jouera ultérieurement très habilement, la carte de l'apaisement ethnique pour

---

[91] Jean-Luc Galabert *Nous ne fêterons plus jamais Noël. Rwanda 1961-1964. Genèse d'une politique génocidaire*, Izuba, 2022, pp. 101-105.

[92] Jean Damascène Bizimana, *Inzira ya Jenoside yakorewe Abatutsi mu Rwanda*, Kigali 2014, p. 42.

séduire les capitales européennes, et notamment la France, avec laquelle il passera, en 1975, des accords de coopération militaire pour la formation de la gendarmerie en 1975. Jusqu'à la fin des années 1980, les quotas administratifs qui limitaient l'accès des Tutsi aux services publics seront cependant renforcés.

La plupart des auteurs estiment que le Génocide contre les Tutsi a pu être commis avec une telle rapidité parce que dans les années précédentes s'étaient mis en place à la fois un conditionnement des esprits et un quadrillage du pays. Il faut ici rappeler que depuis 1959, une série de massacres dirigés contre les Tutsi avaient été perpétrés en toute impunité.

En 1994, une campagne médiatique stigmatisait les Tutsi, en particulier à travers la *Radiotélévision des mille collines* (RTLM), créée le 8 juillet 1993 puis surnommée « radio machette ». Suite à l'avancée rapide de l'APR, cette radio va déménager vers la zone turquoise et continuera d'émettre. Elle cessa d'émettre le 31 juillet 1994 après la défaite totale des FAR.[93]

Selon plusieurs historiens, il y avait un projet génocidaire datant de plusieurs années, et finalement exécuté par les extrémistes hutu de l'entourage du président Juvénal Habyarimana, constituant aussitôt après sa mort un *gouvernement génocidaire* sous l'instigation du colonel Théoneste Bagosora. Selon cette thèse, les « médias du génocide » tenus par les Hutu extrémistes furent un élément essentiel de la préparation et la mise en œuvre du génocide.[94]

La propagande diffusée par les journaux ou par la radio *RTLM* a été un élément important du conditionnement des esprits qui a favorisé le génocide. Elle s'est appuyée sur l'affirmation erronée héritée du colonialisme d'une

[93] Paul. Rutayisire, *op. cit.*, p 528.

[94] Voir par exemple, Jean-Pierre Chrétien, *Rwanda, les médias du génocide*, Paris, Karthala, 2000.

différence raciale entre Hutu et Tutsi qui fut enseignée dans les écoles. Cette propagande raciste présentait les Tutsi comme des envahisseurs étrangers. Elle assimilait les Tutsi de l'intérieur du Rwanda aux Tutsi de l'extérieur et considérait chacun d'entre eux comme un agent du FPR. Elle évoquait une infiltration des Tutsi dans les rouages de l'État ou de l'économie et tentait d'unifier tous les Hutu en essayant de convaincre les Hutu du sud, discriminés par rapport aux Hutu du Nord que cette discrimination était due aux Tutsi. Elle faisait passer pour des traîtres les Hutu qui ne s'opposaient pas aux Tutsi, qui commerçaient avec eux ou qui se mariaient avec des femmes tutsi. Elle présentait l'offensive du FPR d'octobre 1990 comme une tentative de restauration de la monarchie et d'un asservissement des Hutu, voire de leur extermination. Elle suggérait un complot entre tous les Tutsi de la région (Rwanda, Ouganda, Burundi, Zaïre et Tanzanie) dans le but de créer un empire tutsi.

La revue *Kangura* qui a apporté une grande contribution à cette propagande a commencé à paraître en 1990. En décembre 1990, le numéro 6 de cette revue publia notamment en page 8 et en français *les 10 commandements des Bahutu*, désignant explicitement les Tutsi, en tant que groupe, comme des ennemis. La RTLM a commencé sa diffusion en 1993. Certains discours politiques diffusés à son antenne appelaient directement au meurtre ; ce fut notamment le cas du discours de Léon Mugesera en novembre 1992 qui incitait à la haine et à l'extermination des Tutsi.

Afin d'éviter l'utilisation abusive du concept génocide, il importe d'en préciser le sens[95]. Le génocide a été juridiquement défini par la Convention sur la prévention et la

---

[95] Jean-Pierre Chrétien, Un génocide africain : de l'idéologie à la propagande, in Verdier R. et al., *Rwanda, un génocide du XXe siècle*, Paris, L'Harmattan, 1995, p. 46.

répression du crime de génocide de 1948. Selon cette Convention, le génocide se définit par sa nature intentionnelle de détruire, en tout ou en partie, un groupe national, ethnique, racial ou religieux comme tel.[96]

Il découle de cette définition que l'élément essentiel constitutif du crime de génocide est l'intention exterminatrice qui motive le passage à l'acte criminel.

Dans ce sens, la preuve de l'intention génocidaire a été établie dans le cas du génocide perpétré contre les Tutsi. Selon le Tribunal pénal international pour le Rwanda (TPIR), *« même si le nombre des victimes n'est pas, à ce jour, établi avec certitude, nul ne peut raisonnablement contester que des tueries généralisées ont été perpétrées au Rwanda en 1994, à l'échelle de tout le pays »*.[97]

Le groupe identifié comme tutsi a été visé comme un groupe ethnique par les tueurs, les victimes étant ciblées en raison de leur appartenance à ce groupe. Pour le TPIR, *« il ne fait aucun doute que, de par leur ampleur incontestable, leur caractère systématique et leur atrocité, les massacres visaient l'extermination du groupe qui était ciblé. Beaucoup de faits attestent que le dessein des auteurs de ces tueries était de faire disparaître à jamais le groupe tutsi. »*[98]

Ainsi, dans son témoignage devant la Chambre, le 25 février 1997, le témoin expert Alison Desforges a déclaré ce qui suit : *« sur la base des déclarations faites par certains dirigeants politiques, sur la base des chansons et slogans*

---

[96] Art. II, Convention pour la prévention et la répression du crime de génocide, approuvée et soumise à la signature et à la ratification ou à l'adhésion par l'Assemblée générale dans sa résolution 260 A (III) du 9 décembre 1948 entrée en vigueur le 12 janvier 1951, conformément aux dispositions de l'article XIII. Voir aussi Yves Ternon, (1995). *L'État criminel. Les génocides du 20eme siècle*, Paris : Seuil, p. 44.

[97] Le Procureur c. Jean Paul Akayesu, ICTR-96-4-T, Jugement, 2/9/1998, par. 114.

[98] *Idem*, par. 118.

populaires des Interahamwe, je crois que, pour ces personnes, l'intention était d'éliminer, entièrement, les Tutsi du Rwanda de manière que, comme ils l'ont dit à certaines occasions, leurs enfants, plus tard, ne sachent pas à quoi ressemblait un Tutsi, sinon en recourant aux manuels d'histoire. »[99]

D'autres témoignages recueillis dans la même affaire, dont notamment celui du général Dallaire, montrent également qu'on voulait se débarrasser du groupe tutsi dans sa totalité puisque même les nouveau-nés n'ont pas été épargnés. On est même allé jusqu'à tuer des femmes enceintes, y compris des Hutu, parce que les fœtus qu'elles portaient ont été conçus par des pères Tutsi. Or, dans une société patrilinéaire comme la société rwandaise, l'enfant appartient au groupe de son père.

D'autres éléments montrent que c'était bien les Tutsi qui étaient ciblés. Il s'agit tout d'abord des tris opérés aux barrages routiers installés à Kigali, dès après l'accident de l'avion du président, survenu le 6 avril 1994, et plus tard, sur tout le territoire national.

En effet, au niveau des barrages gardés selon les cas par des militaires, des membres de la garde présidentielle et/ou par des membres des milices, la vérification systématique des cartes d'identité, avec la mention de l'ethnie qui y figurait, permettait de séparer les Hutu des Tutsi, ces derniers étant immédiatement appréhendés et tués, quelquefois sur place même.

Par ailleurs, il faut noter la propagande menée avant et pendant le génocide par les médias audiovisuels, comme la R.T.L.M, ou écrits, comme le journal Kangura. Ces médias appelaient ouvertement au meurtre des Tutsi, considérés comme complices du FPR, et à qui ils attribuaient le dessein de reprendre le pouvoir perdu lors de la « Révolution » de

---

[99] Ib*Idem.*

1959. Certains écrits ou caricatures du journal Kangura, déposés comme pièces à conviction, sont sans équivoque.

Le 21 septembre 1992, une note de l'État-major des ex-FAR à laquelle est annexée un document produit par une commission de dix officiers, et qui traite de la définition de l'ennemi, a été signée par Déogratias Nsabimana. Selon ce document, dont la plus large diffusion était demandée, l'ennemi se subdivise en deux catégories : "L'ennemi principal" et le "partisan de l'ennemi principal". L'ennemi principal est *« le Tutsi de l'intérieur ou de l'extérieur extrémiste et nostalgique du pouvoir qui n'a jamais reconnu et ne reconnaît pas encore les réalités de la Révolution sociale de 1959 et qui veut reconquérir le pouvoir au Rwanda par tous les moyens y compris par les armes. »*. Quant au partisan de l'ennemi principal, il s'agit de "toute personne qui apporte tout concours à l'ennemi principal". Il est dit également dans ce document que l'ennemi principal et ses partisans se recrutent essentiellement parmi une liste de groupes sociaux dont notamment « les réfugiés Tutsi », « les Tutsi de l'intérieur », « les Hutu mécontents du régime en place », « les étrangers mariés aux femmes Tutsi » et « les peuplades nilo- hamitiques de la région. »[100]

Il apparaît alors clairement que les massacres survenus au Rwanda en 1994 visaient un objectif déterminé : celui d'exterminer les Tutsi, choisis spécialement en raison de leur appartenance au groupe Tutsi, et non pas parce qu'ils étaient des combattants du FPR. En tout état de cause, les enfants et femmes Tutsi enceintes ne sauraient par nature relever de la catégorie de combattants.

Dans l'affaire Akayesu, la Chambre du TPIR conclut donc de tout ce qui précède que c'est bien un génocide qui a été commis au Rwanda en 1994, contre les Tutsi en tant que

---

[100] Le Procureur c. J-P. Akayesu, ICTR-96-4-T, Jugement, par. 123.

groupe. De l'avis de la Chambre, ce génocide paraît même avoir été méticuleusement organisé.

Dans ce sens, Alison Desforges a même évoqué devant la Chambre, le 24 mai 1997, des *« massacres centralement organisés et dirigés »*. Un certain nombre d'indices plaident, en effet, en faveur de cette préparation du génocide. Il y a d'abord l'existence de listes de Tutsi à éliminer, étayée par de nombreux témoignages[101].

Exécution du génocide contre les Tutsi

La réunion de Dar es Salaam est organisée le 6 avril 1994 pour faire progresser le processus de paix, mais l'avion du président rwandais est abattu au-dessus de l'aéroport international de Kigali, non loin du camp militaire Kanombe, dans la soirée à son retour dans la capitale rwandaise. Le colonel Bagosora qui avait déjà promis l'apocalypse ainsi que les extrémistes Hutus qui ne voulaient pas du processus de paix ni du retour des réfugiés sont à la manœuvre. Il est 20 h. 35, heures de Kigali, le 6 avril 1994 lorsque le signal de la mise à mort définitive des Tutsi du Rwanda est donné. Des barrières sont dressées dans tout le pays pour empêcher la population de se déplacer. Ainsi le génocide contre les Tutsi.

Les miliciens extrémistes hutu appelés « Interahamwe », l'administration du MRND, et la Coalition pour la défense de la république et la démocratie (CDR) avaient constitué d'énormes stocks d'armes automatiques et de munitions. La Radiotélévision des Mille Collines (RTLM) avait diffusé un catéchisme de la haine dans ses émissions quotidiennes et la propagande avait fait son effet en légitimant tout crime contre les Tutsi. Les médias internationaux avaient largement parlé des antagonismes Hutu/Tutsi. Le Génocide contre les Tutsi

[101] *Idem* par. 125.

pouvait également être exécuté facilement à cause du silence de la communauté internationale.

Entraînement de miliciens Interahamwe
par des militaires français.
Source : Getty Images

De l'autre côté, les populations tutsi désarmées et quadrillées ne disposaient d'aucun moyen de défense. La machine meurtrière était fin prête à commettre le « crime suprême ». La première réaction des victimes de l'entreprise génocidaire fut de chercher refuge auprès des administrations publiques et des Églises à travers tout le pays. Cette stratégie ne sera pas payante dans la mesure où les tueurs purent trouver leurs victimes sans effort et effectuer dans ces lieux des massacres de masses. D'autres purent se cacher individuellement dans les champs et dans les plantations. Ces derniers avaient plus de chance de passer inaperçus pendant plusieurs semaines. Dans les heures et jours qui suivirent, des centaines de milliers de Tutsi allaient systématiquement être tués pour être nés Tutsi.

Les Hutu, dont madame Agathe Uwilingiyimana, Première ministre, qui auraient pu s'opposer à la politique génocidaire furent également tués pour leurs idées politiques progressistes et leur combat politique contre la dictature du général-major Juvénal Habyarimana. Comme si les fléaux liés au sous- développement ne suffisaient pas, l'État rwandais allait se rendre tristement célèbre en organisant le génocide contre les Tutsi, cinquante ans seulement après le Génocide des Juifs. Un gouvernement était en train d'exterminer une partie de sa propre population. Les bourreaux avaient pour mission d'exterminer tous les Tutsi du Rwanda. Triste image que celle de ce légionnaire français à Karongi (ex-Kibuye) à bord d'une tractopelle qui enterrait les victimes du génocide au fur et à mesure que les miliciens tuaient. Une illustration macabre de la coopération militaire française ! Une seule inconnue pour le pouvoir de Kigali et leurs alliés extérieurs : la réaction du FPR qui campait à environ 100 km au nord du pays.

Offensive du FPR afin d'arrêter le génocide contre les Tutsi

Dans la nuit du 6 au 7 avril 1994, pendant que l'armée gouvernementale ainsi que les milices Interahamwe exécutaient le génocide contre les Tutsi, simultanément de nombreuses attaques vont être menée contre le CND où sont installés les dignitaires du FPR ainsi que le 3e Bataillon de l'APR. Nyamwasa Daniel, auteur du livre *« Le mal rwandais, de la racine au paroxysme du génocide des Tutsi »*, faisait partie du 3e Bataillon. Il relate la résistance de ce bataillon qui fut attaqué simultanément par tous les camps militaires de Kigali, soit 4000 soldats équipés d'une artillerie lourde et appuyés par des milliers de miliciens Interahamwe.

Le 3e Bataillon organisera une résistance héroïque pendant cinq jours en attendant l'arrivée des renforts. Le 7 avril 1994 à 15H30, heure locale, le 3e Bataillon recevra l'ordre d'attaquer pour éviter l'anéantissement et pour sauver les Tutsi des tueries dans les quartiers environnants[102].

Quelques compagnies réussiront à sécuriser les quartiers nord de la ville de Kigali, Kacyiru et Remera notamment, où se trouve le stade Amahoro. Beaucoup de Tutsi de cette partie seront sauvés et installés dans le stade Amahoro. D'autres compagnies réussiront à s'infiltrer jusqu'au mont Rebero et à sauver des milliers de Tutsi qui seront conduits au stade Amahoro. Les tueries se feront au vu et au su des militaires français et des Casques bleus de la Mission des Nations unies pour l'assistance au Rwanda (MINUAR)[103].

La reprise des hostilités par la partie gouvernementale signifiait la fin du cessez-le-feu et l'opposition armée en prendra acte.

L'exécution du génocide contre les Tutsi à une très grande échelle et devant tous les médias du monde entier vont amener Paul Kagame, commandant en chef de l'APR, à intervenir pour mettre fin aux crimes contre l'humanité. C'est le 8 avril 1994 que les troupes de l'APR vont, à partir du nord du pays, commencer à progresser dans plusieurs directions, centre, nord-ouest, nord-est et sud[104]. Les premiers renforts arriveront à Kigali le 11 avril 1994 pour appuyer le 3e Bataillon. Les autres régions du Rwanda seront progressivement investies par les troupes de l'APR qui avaient la dure tâche de secourir les rescapés du génocide contre les Tutsi tout en livrant bataille contre les FAR et les milices Interahamwe. Un mois après le début du génocide, dans une interview accordée à la télévision américaine CNN durant le week-end du 7 au 8 mai 1994 à 8 km de Kigali, le général-major Paul Kagame déclarait contrôler la moitié du

---

[102] Daniel Nyamwasa, 2017, *op. cit.* pp. 383-394.

[103] *Idem.*

[104] *Idem.*

pays[105]. La BBC, citant des sources de la MINUAR, annonçait le 11 mai 1994 que les FAR du camp de Kanombe, non loin de l'aéroport de Kigali au nombre de 3 000 hommes étaient encerclés et ne défendaient que leurs positions pendant que dans la ville de Kigali les combats se déroulaient dans tous les quartiers, le FPR étant en train de réduire les dernières poches de résistance[106]. Les désertions parmi les forces armées rwandaises ne se comptaient plus. De plus la progression des troupes du FPR se poursuivait dans le Bugesera au sud-est et dans la région de Musanze (ex-Ruhengeri) au nord.

Le *Time Magazine* du 16 mai 1994 titrait en couverture : *« Il n'y a plus de diables en enfer,* disait le missionnaire, *ils sont tous allés au Rwanda »* et décrivait l'horreur du génocide des Tutsi du Rwanda[107].

Le *Time magazine* citait aussi une enquête américaine qui révélait qu'en date du 30 mars 1992, le Crédit lyonnais – une institution financière de l'État français à l'époque – avait financé une commande d'armes du gouvernement rwandais à l'Égypte pour une valeur de 6,5 millions de dollars américains. Une clause du contrat stipulait qu'aucune des deux parties ne devait divulguer les informations contenues dans ce contrat. Selon l'enquêteur, le financement du Crédit lyonnais équivalait à une aide militaire secrète.

Un contrat similaire avait été signé avec l'Afrique du Sud en 1992, et ce malgré l'embargo décrété par l'ONU sur les armes à destination du Rwanda. Le même article du Time Magazine signalait que par le passé, des révélations similaires faites par un Organisme de contrôle des armes avaient impliqué personnellement le président français.

---

[105] Ib*Idem*, pp. .433, 439, 440, 441, 442, 443.
[106] Télévision américaine CNN
[107] Radio BBC.

Le 17 mai 1994, l'APR s'approchait du poste frontalier de l'Akanyaru sur la route Huye-Ngozi qui mène au Burundi et progressait également vers Muhanga (ex-Gitarama) où s'était retranché le gouvernement intérimaire responsable du Génocide perpétré contre les Tutsi[108].

La chute de l'aéroport international de Kigali, dans la nuit du samedi à dimanche 22 mai 1994, fut le plus grand revers des FAR depuis la reprise de la guerre. À ce moment-là, l'APR contrôlait par ailleurs les deux tiers du pays et une grande partie de la capitale rwandaise[109].

Cependant, malgré tous ces revers, le gouvernement génocidaire continua à bénéficier du soutien français. À cette époque, le ministre français de la Coopération venait d'octroyer une aide budgétaire exceptionnelle de 200 000 FF au titre des actions urgentes à mener en faveur des réfugiés rwandais[110]. La somme a en réalité été versée à la famille du défunt président Juvénal Habyarimana ainsi qu'à son entourage essentiellement réfugié à Paris. Cet entourage était constitué des hauts responsables de l'ancien régime, qui avaient planifié l'extermination des Tutsi[111].

D'après le journal *Libération* du 18 mai 1994, citant un rapport de la Commission internationale sur la violation des droits de l'homme au Rwanda, madame Agathe Habyarimana, en particulier, était accusée d'avoir assisté avec son mari à plusieurs réunions des commandos du « réseau zéro » responsables des massacres de plus de 2000 opposants au régime ou présumés comme tels.

Le 30 mai 1994, le gouvernement intérimaire installé à Muhanga (ex-Gitarama) sera contraint de fuir de nouveau

---

[108] *Time Magazine* du 16 mai 1994 : "There are no devils left in hell, the Missionary said, they are all in Rwanda".
[109] Radio VOA.
[110] Nyamwasa Daniel, 2017, *op. cit.* p. 452.
[111] Journal *Libération* du 18 mai 1994.

pour Karongi (ex- Kibuye), à la frontière avec la RD Congo (ex-Zaïre).

Le FPR a déclaré à cette date ce qui suit :

1. Nous ne reconnaîtrons jamais comme autorités légitimes de ce pays les auteurs du génocide et du massacre de nos enfants, de nos frères et sœurs, et de toute la famille politique de l'opposition démocratique. Notre reconnaissance- directe ou indirecte- équivaudrait à légitimer leur forfait.

2. Le MRND, qui était l'un des signataires des Accords de paix et de partage du pouvoir d'Arusha du 4 août 1993, s'est mué en un vulgaire assassin sans foi ni loi avec la complicité des forces hostiles au changement ;

3. Le FPR reste convaincu qu'à la folie meurtrière des génocidaires, il faut opposer les armes de la raison. À l'exclusion et à l'intégrisme ethnique, il faut opposer le droit, l'unité et l'égalité entre les citoyens. Cette folie ne peut continuer, car elle n'est qu'une déviation aberrante des âmes complexées.

4. C'est pourquoi nous demandons à la communauté rwandaise en général et aux membres du FPR en particulier de ne pas céder à la tentation de la haine ou de la vengeance. Face à la clique de malfaiteurs qui s'est couverte d'ignominie, nous vous demandons de garder le sens de la grandeur. En face de cette bande qui s'est illustrée par l'horreur, nous vous demandons de garder le sens de l'honneur et de la dignité.

Au fil du temps, la responsabilité de la France dans le drame rwandais est devenue un grand sujet d'actualités. À titre d'exemple, dans l'article de la revue *Le Nouvel Afrique Asie* de début juin 1994 intitulé *« Comment Paris a allumé l'incendie »,* on lit le commentaire suivant : *« la responsabilité de la droite comme de la gauche française dans la tragédie que connaissait le Rwanda n'a jamais fait l'ombre d'un doute. Quelles que soient les justifications ou prétextes avancés par les responsables de la politique africaine de la France, la protection de la dictature sanglante du président Juvénal Habyarimana était assurée* »[112].

Le général-major Paul Kagame, commandant de l'APR annonçait le 12 juin 1994 la prise de Muhanga (ex-Gitarama) et la fuite du gouvernement intérimaire vers Rubavu (ex-Gisenyi) après avoir transité par Karongi (ex-Kibuye)[113].

Le 26 juin 1994, les militaires français entraient à Rubavu (ex-Gisenyi) et à Rusizi (ex-Cyangugu) dans le cadre de « l'opération turquoise » à la grande satisfaction du gouvernement génocidaire. La neutralité de cette force humanitaire restera un sujet de grandes controverses pour beaucoup d'observateurs.

L'arrivée des Français fut accueillie avec soulagement par les FAR et les miliciens Interahamwe. Pour ceux-ci, les militaires français de l'opération turquoise leur venaient en renfort pour combattre l'APR.

À Kigali, le 1er juillet 1994, jour anniversaire de la Fête nationale, il n'y avait ni gouvernement, ni État. Le bruit du canon dominait la capitale Kigali.

Le 4 juillet 1994, la capitale Kigali ainsi que la ville de Huye (ex-Butare) tombaient presque en même temps aux mains du FPR. Le Conseil de sécurité décidait à l'unanimité d'enquêter sur le Génocide contre les Tutsi. Vers le 13 juillet 1994, ce fut au tour de la ville de Musanze (ex-Ruhengeri) de tomber. Vers le 17 juillet 1994, l'APR entrait dans la ville de Rubavu (ex-Gisenyi), à la frontière nord-ouest avec la RD Congo (ex-Zaïre), située dans la zone turquoise, où s'était replié le gouvernement génocidaire intérimaire, les FAR ainsi que les milices Interahamwe. Le gouvernement intérimaire prit la fuite, traversa la frontière et s'exila au Zaïre.

---

[112] *Nouvel Afrique Asie*, juin 1994.
[113] Nyamwasa Daniel, 2017, *op. cit.*

Ainsi fut défait le régime génocidaire du président Juvénal Habyarimana. Quant à l'impérialisme français, il aura subi un revers majeur dans sa tentative de pérenniser sa présence au Rwanda.

Durant les années qui suivront, le gouvernement français va encore, sans succès et au mépris de toutes les conventions internationales régissant les réfugiés, soutenir les génocidaires réfugiés en RD Congo pour reconquérir le pouvoir au Rwanda. Ce faisant, le gouvernement français va déstabiliser l'Est de la R.D. Congo (ex-Zaïre) et provoquer incidemment l'émergence, à l'est du Congo, de la rébellion de l'Alliance des forces démocratiques pour la libération du Congo (AFDL) qui allait entrer à Kinshasa et renverser le maréchal Mobutu Sese Seko le 17 mai 1997 après une marche de 2 000 km qui a duré 10 mois.

Le nouveau gouvernement de transition au Rwanda a été proclamé le 18 juillet 1994. Le 4 août 1994, l'ancienne Constitution cédait la place à la Loi fondamentale[114] connue sous le nom d'Accord d'Arusha. Ainsi se termina l'aventure de la coalition MRND/CDR qui s'est écroulée suite à un fanatisme inutile. Le grand travail de remise en place des institutions et de reprise du travail devait commencer immédiatement.

Le général-major Paul Kagame, déjà connu pour ses grandes qualités de stratège militaire allait aussi faire preuve d'une grande efficacité politique dans un contexte où les problèmes à résoudre étaient énormes, et il parviendra à redresser le pays avec un grand succès.

---

[114] Loi fondamentale, 1994.

Fuite du gouvernement génocidaire et prise en otage de la population civile

Le 4 juillet 1994, après la prise de Kigali par les troupes du FPR, le gouvernement génocidaire et ses bandes de criminels auraient pu reconnaître simplement leur défaite, fuir discrètement et se réfugier au Zaïre alors dirigé par Mobutu, mais il ne choisit pas cette option raisonnable.

Au contraire, lors du dernier Conseil des ministres qu'il tint en terre rwandaise à l'Hôtel Méridien de Gisenyi (actuelle Rubavu), le 12 juillet 1994, il prit la décision de se replier au Zaïre en y entraînant la population rwandaise pour y organiser la contre-attaque[115].

Le gouvernement génocidaire dirigé par Théodore Sindikubwabo va traverser la frontière pour se réfugier au Zaïre. Il emporta ainsi avec lui tous les services de l'État, l'armée, la gendarmerie, les milices génocidaires interahamwe, toute l'administration et une population estimée à plusieurs centaines de milliers de personnes terrorisées et contraintes d'obéir aux ordres. Les stratèges de l'armée génocidaire avaient pour premier objectif de vider le pays de ses habitants et de l'administration pour le rendre ingouvernable. Le deuxième objectif était de se réorganiser au Zaïre pour contre-attaquer ensuite. Ainsi, vont se constituer tout au long de la frontière orientale du Zaïre de nombreux camps de réfugiés dont le plus connu se trouvera à Mugunga à quelques kilomètres de la ville frontalière de Goma.

La faim, l'épuisement et des maladies, notamment le choléra, vont faire des ravages dans les rangs des réfugiés. Les avions vont atterrir jour et nuit remplis de nourriture et d'équipements pour secourir les réfugiés.

---

[115] Patrick de Saint-Exupéry, La traversée, Les Arènes, Paris, 2021, pp. 87, 96, 110.

Dix jours après l'exode, le gouvernement des génocidaires se réunit pour un premier conseil des ministres au Zaïre[116]. L'État-major de l'armée exilée produit dans le même temps un document de cent pages passant en revue les nouvelles stratégies à mettre en œuvre : mainmise sur les camps, ressources à dégager, entraînements à poursuivre, réarmement et, bien sûr, propagande[117].

Les activités politico-militaires vont se faire librement. Les génocidaires qui représentaient environ dix pour cent du total des réfugiés, d'après les organisations humanitaires, vont s'organiser pour prendre le contrôle de tous les camps de réfugiés[118].

Cette situation constituait une violation de la convention de Genève sur les réfugiés qui stipule que ceux-ci doivent être désarmés et se trouver à une distance d'au moins 150 km de la frontière[119].

En 1996, les évènements vont s'accélérer. Une rébellion va naître au Kivu avec pour objectif de renverser le régime Mobutu.

Une par une, les villes du Kivu vont tomber. Cette rébellion aura le soutien du Rwanda qui souhaitait rapatrier les réfugiés. Dans la nuit du 14 au 15 novembre 1996, des éléments de l'armée rwandaise encerclent les camps de réfugiés par l'ouest et laissent libre la partie orientale qui mène vers le Rwanda. D'après le témoignage d'un ancien réfugié de Mugunga que j'ai rencontré à Kigali en 1998, les génocidaires militaires, miliciens ainsi que divers criminels ont vite compris qu'ils devaient se battre pour rompre l'encerclement et partir par l'ouest en direction de la cuvette centrale et la forêt congolaise pour ne pas rentrer au Rwanda.

---

[116] *Idem.*
[117] Ib*Idem.*
[118] Loc. cit. pp, 110 111.
[119] Convention de Genève sur les réfugiés.

La masse des réfugiés, quant à elle, finit par comprendre que l'opportunité de rentrer au pays était arrivée et elle s'échappa vers l'est en direction du Rwanda.

Au petit matin, les camps de réfugiés de Goma étaient désertés et une foule de réfugiés était en route vers le Rwanda où les équipes de ravitaillement les attendaient le long des routes à travers le pays. Chacun fut conduit vers son village.

Sept cent mille Rwandais rentrèrent ainsi en quelques jours au pays ; mais il manquait environ deux cent mille réfugiés, disait-on, qui se seraient enfoncés dans les forêts du Congo[120]. Ainsi se termina la colossale prise d'otage de cette population. Ces camps constituaient une bombe à retardement que des génocidaires avaient minutieusement préparée et les dégâts auraient été d'une ampleur catastrophique si l'opération de rapatriement n'avait pas été organisée. Le succès de cette opération revient à l'armée patriotique rwandaise (APR) et au général James Kabarebe commandant du contingent déployé au Congo.

Sur les deux cent mille réfugiés restant au Zaïre, dont un bon nombre était armé, une partie opta pour l'exode vers la forêt équatoriale pendant que d'autres choisirent de rester au Kivu et créèrent le Front de Libération du Rwanda (FDLR).

Ceux qui choisirent l'exode via la forêt équatoriale seront victimes de maladies, de conditions sanitaires catastrophiques, de la faim, de morsures de serpents, de mouvements de foule, etc. dans ce milieu hostile. Les rescapés de ce périple vont se retrouver à Masisi, puis à Walikale, puis à Tingi-Tingi en décembre 1996 où ils seront plus de cent mille. Deux avions de la compagnie kényane Sky Airways atterrissent à Tingi-Tingi pour évacuer à Nairobi les dignitaires du gouvernement génocidaire[121].

---

[120] *La traversée*. Patrick de Saint-Exupéry. Les Arènes, Paris, 2021. pp. 192, 195, 258, 261, 265, 303-306.

[121] Patrick de Saint-Exupéry. 2021 *op. cit.* pp.192, 195, 258, 261, 265,

Les réfugiés quittent Tingi-Tingi en février 1997 jusqu'à Lubutu, Ubundu, Mbandaka, Kinshasa en utilisant le fleuve Congo. Ceux qui faisaient usage de leurs armes perdaient le statut de réfugié et risquaient d'être tués à leur tour. De Mbandaka, les réfugiés se sont éparpillés vers le Congo-Brazzaville, le Gabon, le Mali, le Kenya, l'Europe, l'Amérique, etc. Pendant des mois, des avions ont rapatrié volontairement des milliers de réfugiés vers le Rwanda à partir de Walikale, Tingi-Tingi, Kisangani et Mbandaka. La propagande du gouvernement génocidaire aura totalement égaré ces réfugiés.

Reconnaissance du génocide contre les Tutsi par la communauté internationale

Tout le monde s'attendant à ce que la communauté internationale participe à la protection des civils contre les génocidaires, personne n'a levé le doigt alors que l'extermination des Tutsi continuait à travers tout le pays. Ne pouvant pas rester dans l'impasse, le FPR a déclenché une campagne contre le génocide, afin d'arrêter les massacres et pour sauver des vies humaines.

Grâce au courage et au grand sacrifice, les soldats du FPR ont sauvé des dizaines de milliers de Tutsi et ont arrêté les responsables. Le FPR a mis fin au génocide, en infligeant une défaite aux autorités civiles et militaires responsables des tueries et à leurs complices.

La reconnaissance du génocide commis contre les Tutsi est allée de pair avec sa dénonciation au niveau international.

Lors de la réunion du 25 mai 1994 de la Commission des droits de l'homme des Nations unies, les délégués ont conclu que le génocide était en cours et devait faire l'objet d'une enquête. Le même jour, cette Commission a adopté la

---

303, 305, 306.

résolution 1994 S-3/1, par laquelle un rapporteur spécial a été nommé, et chargé d'enquêter sur place sur les massacres perpétrés contre les Tutsi qui étaient en cours.

Le 28 juin 1994, le « Rapport sur la situation des droits de l'homme au Rwanda » présenté par Mr Degni-Ségui[122], Rapporteur spécial de la Commission des droits de l'homme, a rendu son rapport qui a qualifié de génocide, les massacres perpétrés contre les Tutsi et désignait les responsables de ces massacres, à savoir le gouvernement génocidaire, l'armée et les milices Interahamwe et Impuzamugambi du MRND et CDR.

Selon ce rapport, les atrocités s'étendaient sur l'ensemble du territoire national. La plupart des massacres étaient le fait des milices Interahamwe du MRND, et Impuzamugambi de la CDR, et étaient dirigés contre les Tutsi.

Le rapport a qualifié de génocide les massacres perpétrés contre les Tutsi. Toutes les conditions de l'article II de la Convention sur la prévention et répression du crime de génocide du 9 décembre 1948 sont réunies s'agissant des massacres perpétrés contre les Tutsi. Le rapport concluait en appelant les Nations unies à condamner le génocide perpétré contre les Tutsi au Rwanda, et à poursuivre les auteurs ainsi que les complices de ce massacre.

En 1999, le rapport Ingvar Carlsson[123] a reconnu l'échec des Nations unies à stopper le génocide. En effet, « en plus de ne pas empêcher le génocide, la communauté internationale n'a pas arrêté le massacre une fois qu'il a commencé. Cet échec a laissé de profondes blessures dans la société rwandaise et pèse encore sur les relations sombres entre le

---

[122] Rapport sur la situation des droits de l'homme au Rwanda soumis par M. René Degni-Ségui, Rapporteur spécial de la Commission des droits de l'homme en application du paragraphe 20 de la rés. S3/1 du 25/5/1994.

[123] Nom du Président de la commission indépendante d'enquête sur les actions des Nations unies durant le génocide au Rwanda.

Rwanda et la communauté internationale, en particulier les Nations unies ».

Dans le même sens, le rapport de l'Organisation de l'unité africaine présenté par Quett Ketumile Joni Masire[124] en 2000 sur le génocide au Rwanda concluait en affirmant qu'un génocide avait été commis contre les Tutsi au Rwanda en 1994. Des décisions judiciaires du Tribunal pénal international pour le Rwanda ont confirmé l'existence d'un génocide perpétré contre les Tutsi au Rwanda.

La Chambre d'appel du TPIR a publié, le 16 juin 2006, un constat judiciaire établissant qu'il *« est de notoriété publique qu'entre le 6 avril et le 17 juillet 1994, un génocide a été commis au Rwanda contre le groupe ethnique tutsi ».* Rappelant en outre que plus d'un million de personnes avaient été tuées pendant le génocide, la Chambre d'appel conclut : *« L'existence du génocide doit être considérée comme un fait incontestablement établi qui n'a pas besoin de preuves supplémentaires. »*[125]

Le plaidoyer de culpabilité de Jean Kambanda va dans le même sens. Il a admis qu'il y a eu au Rwanda en 1994 une attaque généralisée et systématique contre la population civile des Tutsi, dont le but était de les exterminer. Des assassinats de centaines de milliers de Tutsi ont eu lieu au Rwanda, dont des femmes et des enfants ; anciens et jeunes qui ont été poursuivis et tués dans des endroits où ils avaient cherché refuge, à savoir les préfectures, le bureau communal, les écoles, les églises et les stades.[126]

---

[124] « Rwanda : le génocide qui aurait pu être arrêté », publié le 29 mai 2000.

[125] Affaire No TPIR 16/6/2006, Karemera, Ngirumpatse, Nzirorera.

[126] « Jean Kambanda s'est entendu avec d'autres, notamment avec des ministres de son gouvernement tel Pauline Nyiramasuhuko, André Ntagerura, Eliézer Niyitegeka et Édouard Karemera pour commettre des assassinats (…) des membres de la population tutsi et de ce fait a commis

Juger les auteurs du génocide contre les Tutsi

Institution du Tribunal pénal international pour le Rwanda

Pour la première fois dans l'histoire du Rwanda, des auteurs de massacres commis contre les Tutsi furent arrêtés et jugés par les juridictions nationales et internationales. Le génocide est le résultat d'une culture d'impunité institutionnalisée basée sur l'ethnisme depuis 1959.

Au lendemain du génocide, l'une des demandes les plus urgentes de la population rwandaise, était le besoin de justice.

L'étendue et la gravité du génocide justifiaient l'arrestation et la poursuite de ses auteurs. De plus, le contexte de la perpétration de délits caractérisés par une participation massive de la population et la criminalité de l'État, depuis plus de trente ans d'impunité, a nécessité une sanction exemplaire des auteurs.

Les planificateurs du génocide furent jugés par le TPIR[127]. Ce tribunal fut institué par la résolution 955, adoptée le 8 novembre 1994.

Le Tribunal a poursuivi 93 personnes, dont 62 furent condamnées, 14 acquittées, et 10 transférées à des juridictions nationales.

Dès sa création, le TPIR a souffert de la bureaucratie. Il a toujours été constitué un scandale pour les rescapés qui voyaient que les présumés coupables du génocide vivaient mieux qu'eux, qu'un budget colossal était accordé à un

---

le crime d'entente en vue de commettre le génocide ». (TPIR, le Procureur c. Jean Kambanda Affaire 97-23-S, 04/09/1998, par. 40, 2).

[127] Le TPIR a rendu son premier jugement dans l'affaire Akayesu, le 2 octobre 1998. Celui-ci a été condamné à l'emprisonnement à perpétuité, peine confirmée en appel le 1 juin 2001. Le TPIR a mené des poursuites contre 93 suspects, jugé 62 personnes. Le financier du génocide, Félicien Kabuga a été arrêté le 16 mai 2020 à Paris après plus de 25 ans de cavale.

organe aussi peu performant et que tout était fait pour éterniser les procès.[128]

Juridictions Gacaca : modèle rwandais de justice

Au Rwanda, rendre justice aux victimes en jugeant les présumés génocidaires n'était pas facile, car l'appareil judiciaire avait été presque anéanti au cours du génocide. Le contentieux du génocide a été particulièrement traité par la loi organique du 30 août 1996, qui a institué les chambres spécialisées. Ces Chambres se sont essoufflées face au très grand nombre de prévenus.

Malgré le renforcement du pouvoir judiciaire en ressources humaines et matérielles, les résultats obtenus ont montré que la capacité dudit appareil restait bien en deçà de la tâche qui lui était confiée. La formule Gacaca a été accueillie avec enthousiasme par les Rwandais qui y plaçaient un grand espoir.[129]

Les juridictions Gacaca instituées ont combiné les deux éléments des pratiques coutumières et des aspects de règlement des différends de la justice moderne. La procédure de ces tribunaux était basée sur une règle coutumière de justice participative où « tout fonctionne avec la population et par la population ». Les personnes, en particulier celles qui étaient présentes au moment où ces crimes ont été commis, étaient à la fois des juges, des parties et des témoins. C'est pourquoi les auteurs n'ont pas été présentés devant le tribunal, mais sur les lieux des faits, pour une reconstitution de la vérité et de la justice historiques.

Les juridictions Gacaca ont largement contribué à la révélation de la vérité. Par conséquent, le processus Gacaca a également contribué au dénombrement des victimes et à la

[128] Paul Rutayisire et Déo Byanafashe, op cit., p. 603.
[129] Ibid., p. 600.

description des atrocités qu'elles ont subies ainsi qu'à l'identification des innocents et des lieux de refuge des survivants.

De plus, la majorité des répondants a déclaré que le processus Gacaca a aidé à identifier les cerveaux du génocide à un degré satisfaisant. Nous avons également constaté que la nature décentralisée et participative du processus Gacaca était cruciale pour identifier les organisateurs et les bourreaux sur le terrain, comme l'ont déclaré 83,5 % des répondants.

Les Gacaca ont contribué à lutter contre l'impunité. L'atteinte de cet objectif a été facilitée par le fait que les audiences se sont déroulées sur les lieux des crimes. Par conséquent, les témoignages des populations locales qui avaient été témoins oculaires du génocide dans chaque cellule ont contribué à établir la responsabilité individuelle de chaque accusé.

Ces juridictions Gacaca ont contribué au processus de réconciliation nationale enclenché dès le lendemain du génocide. Les Gacaca ont montré enfin la capacité du peuple rwandais à résoudre ses propres problèmes ; le choix d'adopter le processus Gacaca apparaît comme une solution politique courageuse. Ce fut l'occasion pour tous les niveaux de la population rwandaise de participer à la recherche de solutions aux problèmes résultant du génocide.

Selon les statistiques, entre le 18/6/2002 et janvier 2012, il y a eu au total 1 951 388 jugements, dont 1 270 336 (65,1 %) de 3e catégorie, 649 599 (33,3 %) de 2e catégorie, 31 453 (1,6 %) de 1re catégorie. Il y eut 1 678 672 condamnations dont 1 220 471 (72,70 %) de 3e catégorie, 433 471 (25,82 %) de 2e catégorie, 24 730 (1,4 %) de 1re catégorie. Il y a eu 272 716 acquittés, dont 49 865 (18,3 %) de 3e catégorie, 216 128 (79,3 %) de 2e catégorie et 6 723 (2,4 %) de 1ère catégorie.

Des génocidaires fugitifs

Entre 2007 et 2018, des actes d'accusation et des mandats d'arrêt internationaux ont été émis pour (980) neuf cent quatre-vingts cas de personnes vivant dans 33 pays à travers le monde. En réponse, il y a eu des poursuites judiciaires, des expulsions et des jugements historiques, ainsi que de nombreuses commissions rogatoires qui se sont rendues au Rwanda pour mener leurs propres enquêtes.

La majorité de ces fugitifs du génocide sont les cerveaux du génocide, car la plupart des exécutants n'ont pas pu fuir, ils n'avaient aucun moyen de fuir ou n'avaient aucun contact à l'étranger et ont décidé de rester au Rwanda.

Un grand nombre de ces fugitifs du génocide se trouvent sur le continent africain, car sur 980 cas, environ 805 vivent en Afrique, dont un grand nombre en RD Congo et en Ouganda.

Négationnisme

Le mot négationnisme renvoie au discours qui consiste à contester ou à nier la réalité du génocide des Juifs.[130] Le négationnisme s'inscrit ainsi dans une guerre idéologique visant à masquer la nature réelle du génocide et à effacer toutes les traces. Il passe par la négation de la réalité, de l'ampleur, des modalités du génocide ainsi que de la volonté de le commettre.[131]

---

[130] Henry Rousso, *Le syndrome de Vichy*, Seuil, Points Histoire, 1990 - 1e éd. 1987-, p. 176.

[131] Pierre Vidal-Naquet., *Les Assassins de la mémoire*, Paris, Seuil, 1987, p. 32.

La négation du génocide est la dernière étape du génocide selon le classement de Gregory Stanton.[132]

Tous les génocides sont niés, quels que soient les preuves et les témoignages de rescapés ou des auteurs du génocide.

Le génocide perpétré contre les Tutsi a été nié pendant qu'il était en train d'être commis, et continue de l'être même aujourd'hui.[133]

Depuis avril-juillet 1994, se sont développés des discours tendant à faire croire qu'il n'y a pas eu de génocide préparé, programmé, mais qu'il y a eu seulement des massacres consécutifs à une guerre déclenchée par le FPR en 1990.

À la récusation de la qualification de génocide, se substitue ou se conjugue la surenchère victimaire qui assimile le génocide commis contre les Tutsi aux crimes de guerre et contre l'humanité. C'est avec cette surenchère que prend forme la première expression du négationnisme, celle qui met en avant « un double génocide ».[134]

Le double génocide se fonde sur un équilibrisme de l'horreur qui dit qu'il y a eu deux génocides, un contre les Tutsi, un autre contre les Hutu. L'historien l'a fait remarquer en disant que le génocide perpétré contre les Tutsi est le seul que l'on nie en le doublant.[135] Les négationnistes cherchent à occulter la singularité d'un crime en établissant un équilibre

---

[132] Dr Gregory Stanton, Les dix étapes du génocide, 2013, Observatoire du Génocide : « Négation par les auteurs d'un génocide d'avoir commis des crimes. Blâme souvent rejeté sur les victimes. Dissimulation de preuves et intimidation de témoins ».

[133] Les Nations unies rappellent aux États l'obligation de prévenir et de lutter contre le négationnisme, et de tirer les leçons du génocide commis contre les Tutsi au Rwanda en 1994. (Res 2150 (2014) adoptée le 16 avril 2014).

[134] Hélène Dumas, Du « double génocide » à la négation du génocide : évolution du discours négationniste, *Dialogue* 190, mars 2010, p. 95.

[135] Jean-Pierre Chrétien, *Le défi de l'ethnisme. Rwanda, Burundi,* 1990-1994, Paris, Karthala, 1997.

macabre entre victimes et bourreaux présentés comme victimes.

Or, le génocide ne peut pas être mis en parallèle avec aucun autre crime, quel qu'il soit. Une telle interférence porte le nom de négationnisme.

Une lecture faussement orientée de l'histoire du Rwanda de l'après-génocide ne peut pas remettre en question la planification d'un génocide.

Un des pères de la théorie du double génocide est Filip Reyntjens. Il a fait plusieurs publications dans lesquelles il développe des théories négationnistes. Il a opté pour un négationnisme subtil centré sur la distorsion de la vérité historique. Il ne cesse de pointer du doigt les victimes du génocide perpétré contre les Tutsi en leur faisant porter injustement la responsabilité des auteurs du génocide et leurs complices.

Dans ce sens, il reprend les thèses négationnistes les plus sordides qui mettent sur le même pied d'égalité, victimes et bourreaux. C'est ça l'essence même de la théorie du double génocide.

Lors d'une autre conférence négationniste organisée à Paris par la Fondation Jean-Jaurès le 21 septembre 2017, Philip Reyntjens a suggéré que « tous les éléments du génocide des Tutsi sont tous connus, on ne devrait pas revenir sur eux, mais on devrait plutôt discuter en profondeur du génocide commis, selon lui, par le FPR sur les Hutu au Rwanda et en République démocratique du Congo ».

Une autre négationniste à la mode, c'est la journaliste canadienne Judi Rever qui a publié un pamphlet recyclant les affirmations négationnistes. Dans son livre, « *In praise of Blood* », la journaliste Judi Rever reprend mot à mot les thèses négationnistes de Pierre Péan, Robin Philipot, qui prônent le double génocide.

Selon eux, tous, victimes et bourreaux s'équivalent et s'annulent. Comme ses prédécesseurs, Judi Rever nie la spécificité de l'extermination des Tutsi pour asseoir perfidement un autre génocide imaginaire.[136]

Le négationnisme ne peut pas avoir le dernier mot. Des chercheurs honnêtes se sont engagés à dire la vérité et à contrer les discours négationnistes.

[136] Voir le commentaire du livre-pamphlet de Judi Rever, *In Praise of Blood*, Ed. Random, 2018 par Jean François Dupaquier, Génocide des Tutsi du Rwanda : le négationnisme comme best seller, 1er mai 2018, Afrikarabia.com.

VII.

Leadership et bonne gouvernance

Quel leadership pour l'Afrique ?

L'Afrique est arrivée à la période des indépendances dans un état de déstructuration politique et économique qui faisait suite à cinq siècles marqués par l'esclavagisme, puis par l'occupation et l'exploitation coloniales. Le leadership de l'Afrique avait été humilié et complètement affaibli. L'économie avait été restructurée pour servir les intérêts des puissances coloniales. À l'indépendance, le leadership qu'il fallait pour l'Afrique devait avoir le courage de rétablir la souveraineté de l'Afrique et transformer l'économie pour la mettre au service de la population en améliorant les conditions de vie. Les nouveaux leaders ne devaient pas se contenter de gérer les États néocoloniaux sans essayer d'améliorer le sort des populations. Malheureusement, beaucoup de leaders ont laissé les pays dans l'état où ils les ont trouvés et parfois la situation s'est dégradée et en retour les ex- puissances coloniales leur ont donné le plus grand soutien.

Cependant, il y a eu aussi de grands leaders qui ont cherché à transformer l'Afrique et à qui nous devons rendre hommage. Certains y sont parvenus pendant que d'autres ont rencontré d'énormes obstacles ou ont été tout simplement éliminés par les puissances coloniales. Ces leaders ont voulu transformer leur pays pour donner de meilleures conditions de vie et plus de dignité a leurs compatriotes. Nous en citerons quelques- uns dont l'action a eu un impact international.

S.E. Kwame Nkrumah du Ghana était en avance sur son époque. Sa vision de l'Afrique unie continuera à être une source d'inspiration pour le continent.

Patrice-Émery Lumumba ne voulait faire aucune concession tant il avait pris conscience de la nature inhumaine du colonialisme et de l'impérialisme qui étaient particulièrement actifs au Congo belge. Par sa forte personnalité, il a pesé très lourd dans l'octroi de l'indépendance immédiate au Congo-Kinshasa.

Barthelemy Boganda voulait que les pays d'Afrique centrale (Oubangui-Chari, Cameroun, Gabon, Congo-Brazzaville...) accèdent à l'indépendance sous la forme d'*États-Unis d'Afrique centrale*.

Amílcar Cabral va mener une longue guerre de libération de la Guinée-Bissau et des îles du Cap-Vert qui va affaiblir considérablement le colonialisme portugais.

Mwalimu Julius Nyerere était à la fois un sage et un homme d'action. Sa contribution pour la libération de l'Afrique australe a été déterminante.

Le prince Louis Rwagasore, héros de l'indépendance du Burundi, était un visionnaire, dont la ligne politique bâtie sur l'unité des Burundais a permis à ce pays d'accéder à l'indépendance dans la paix.

Le capitaine Thomas Sankara a marqué le Burkina Faso par sa personnalité et sa volonté de changer les structures économiques et les mentalités. Il demeure un modèle pour la jeunesse africaine.

Avec les succès que nous connaissons, le capitaine Jerry Rawlings a joué un rôle déterminant pour mettre le Ghana sur le chemin de la bonne gouvernance.

Le colonel Khadaffi a su mettre les richesses de son pays au service de son peuple et même au service d'autres pays africains tant sa générosité était légendaire. Il a livré un grand combat pour la dignité de l'Afrique.

Nelson Mandela a, par sa personnalité hors du commun, mené et gagné la longue et âpre lutte contre l'apartheid.

Samora Machel était un grand leader qui a achevé dans des conditions très difficiles la lutte de libération du Mozambique en succédant à Eduardo Mondlane qui venait d'être assassiné. Il mourra lui-même dans un présumé accident d'avion tout près de la frontière sud-africaine. Cette liste des grands leaders n'est pas exhaustive.

Plus récemment, le cas du Rwanda est venu montrer que l'Afrique peut arriver à de grandes réalisations en utilisant la volonté politique ainsi qu'une gestion rationnelle des ressources disponibles

Comment former de bons leaders ?

La question de l'émergence de bons leaders en nombre suffisant pour pouvoir couvrir les besoins du continent est cruciale. Une des solutions est une bonne structuration des partis politiques. Souvent, les partis politiques se lancent dans la compétition pour la conquête du pouvoir sans préparation suffisante et quand ils arrivent au pouvoir ils ne savent pas exactement ce qu'il faut faire du pouvoir. Structurer un parti politique signifie lui donner une idéologie, bien former les cadres, élaborer un programme politique cohérent, doter le parti de mécanismes de contrôles, etc. L'agrément des partis politiques devrait suivre des critères très stricts. De la sorte, le jeu politique pourrait être assaini et les jeunes pourraient trouver de bonnes structures où faire leur apprentissage.

En tout état de cause, il y'a des qualités que l'on retrouve chez presque tous les grands leaders, c'est le patriotisme, l'esprit de sacrifice, l'honnêteté, la discipline, le travail acharné, etc. Notons également qu'être élu démocratiquement ne signifie pas toujours que l'on est ou sera un bon leader, surtout pas en Afrique où le vote peut être parfois tribal, les électeurs n'ayant pas été suffisamment éclairés sur les véritables enjeux politiques et socio-économiques.

En conclusion partielle, le leadership et la bonne gouvernance doivent suivre des critères professionnels ainsi que des mesures de performance très stricts pour éviter de tomber dans le folklore ou l'amateurisme.

Quelques modèles de bonne gouvernance

Nous considérons que la transparence dans la gestion des finances publiques ainsi que la lutte contre la corruption est un facteur déterminant de la bonne gouvernance. Ce sont des facteurs qui permettent de mobiliser des ressources internes nécessaires au financement de l'économie. C'est la raison pour laquelle les pays qui ont réussi à réduire la corruption constituent des modèles. En 2021, l'ONG Transparency international a classé les pays africains les moins corrompus de la manière suivante :

1. Seychelles
2. Botswana
3. Cap-Vert
4. Rwanda
5. Maurice
6. Namibie

7. São Tomé-et-Príncipe, etc.

Sur cette liste nous allons présenter brièvement le Botswana et le Rwanda.

Botswana

Le Botswana passe pour être un modèle de réussite économique sur le continent africain. Ancien protectorat britannique, le Botswana a accédé à indépendance le 30 septembre 1966. La population était de 2 209 208 habitants en 2016. La superficie du pays est de 581 730 km2 dont 70 % sont occupés par le désert du Kalahari.

Sir Seretse Khama, premier Président du Botswana.
Source : Getty Images

En 1999, l'économie se caractérisait par un secteur des services (43 % du PNB), un secteur des mines (48 % du PNB), un secteur industriel (4 % du PNB) et un secteur de l'agriculture (5 % du PNB). Le pays est régulièrement placé au premier rang des pays africains en matière de bonne gouvernance et de transparence. Depuis l'indépendance, le pays connaît une alternance politique pacifique. Le Botswana a bâti son avenir sur une administration stable, compétente et peu corrompue.

Troisième producteur mondial du diamant, ce pays était autrefois classé parmi les plus pauvres au monde. Il se classe désormais parmi les plus prospères du continent. Le pays a quitté depuis 1994 la liste de la CNUCED des pays les moins avancés. Outre le critère de revenu par habitant et celui de la vulnérabilité économique, le critère du capital humain est pris en compte, soit la nutrition, la mortalité infantile, la mortalité maternelle, la scolarisation, et l'alphabétisation.

Rwanda

Le général-major Paul Kagame est devenu président de la République en 2001. Avec son avènement, le Rwanda connaîtra une transformation économique rapide qui va surprendre tous les observateurs.

Le 18 juillet 1994, après le Génocide contre les Tutsi, lorsque le gouvernement de transition fut installé, la situation économique du pays était catastrophique. Les caisses de l'État étaient vides, les biens publics et privés avaient été vandalisés et les ressources humaines étaient presque entièrement décimées.

Beaucoup d'observateurs pariaient sur un avenir sombre pour ce pays. C'était sans compter avec la détermination du nouveau leadership et le dynamisme du peuple rwandais. Le progrès devient le credo du gouvernement. C'est ainsi qu'apparaîtra le programme de développement dénommé « Vision 2020 ».

Une nouvelle manière de faire la politique a rapidement été mise en place. Jadis, les politiciens rwandais étaient des intouchables qui avaient plus de droits que de devoirs. Ils pouvaient se servir de leurs positions pour s'assurer les avantages qu'ils souhaitaient obtenir et n'avaient pas à rendre compte de leur gestion des affaires publiques. Cette mentalité a disparu pour faire la place à des politiciens qui doivent mériter leur mandat public.

L'enseignement voit la création de nouvelles institutions publiques et privées tant de l'enseignement primaire, secondaire que supérieur sans compter l'enseignement post universitaire. Un système d'assurance maladie universelle est installé et permet aux onze millions de Rwandais de se faire soigner.

La meilleure illustration de ce qui précède est le système de contrats de performance « Imihigo » au niveau des districts. En début d'année, chaque maire dépose son programme d'activités. En fin d'exercice, il présente leur exécution dans une séance publique devant les hautes autorités nationales.

S'il fallait décrire l'économie actuelle du Rwanda par une formule simple, je dirais que c'est l'art de faire beaucoup de choses avec peu de moyens. En effet, la réussite du Rwanda sur le plan économique étonne tout observateur, à commencer par le citoyen rwandais lui-même qui n'était pas habitué à cette nouvelle dynamique de transformation économique du pays, même si beaucoup reste à faire.

Quelques indicateurs économiques[137] du ministère des Finances peuvent nous aider à comprendre les progrès accomplis :

Le PIB par habitant qui était de 225 USD en 2000 est passé à 617 USD en 2010, 784 USD en 2017 et 818 USD en 2019.

La part des ressources internes et dettes dans le financement du budget national qui était de 30 % en 1995 est passée à 58 % en 2005, 84 % en 2019 et 87 % en 2020.

---

[137] National Institute of Statistics of Rwanda (NISR).

La pauvreté a reculé du taux de 78 % en 2000, 69 % en 2005,63 % en 2010, 58 % en 2014, 56 % en 2016 et 39 % en 2020.

L'espérance de vie à la naissance qui était de 47 ans en 2000 est passée à 62 ans en 2010, 66 ans en 2014 et 68 ans en 2019.

L'accès à l'eau potable qui était de 65 % en 1990, est passée à 72 % en 2009, 84 % en 2015 et enfin 87 % en 2016.

Le pourcentage d'habitants qui avaient accès à l'électricité s'élevait à 2 % en 2000, 14 % en 2010, et les prévisions se chiffraient à 35 % en 2020.

Le taux d'alphabétisation (16-24 ans) qui était de 58 % en 1991 est passé à 65 % en 2000, 66 % en 2010, 71 % en 2014 et 73 % en 2018.

Comment ce pays réussit-il là où des pays dotés de ressources du sol et du sous-sol considérables ne parviennent pas à s'en sortir ?

Président Paul Kagame
Source : Getty Images

Pour tout observateur qui connaît tant soit peu l'Afrique, la transformation du pays se fait à un rythme inhabituel avec des ressources limitées, mais qui sont utilisées de manière rationnelle en évitant tout gaspillage ainsi qu'en maintenant la corruption à un niveau de tolérance quasiment nul. Notons également que les actions du gouvernement rwandais sont faites pour servir toute la population et pas seulement une partie de la population. Il nous semble également qu'il n'y existe pas d'improvisation et qu'au contraire toutes les actions entreprises font l'objet d'un débat que je qualifie de démocratique au niveau des services de l'État. La sécurité des biens et des personnes fait que l'esprit d'entreprise peut se développer sans entraves.

Promotion du genre et développement

Le Rwanda a aussi adopté une politique qui tient compte du genre. La Constitution de 2003, à la fin de la période de transition, a fixé le nombre de femmes au Parlement à un minimum de 30 % ce qui a été une avancée significative dans la promotion du genre. Aujourd'hui, le nombre de femmes siégeant au Parlement dépasse les 62 %. Le Rwanda a corrigé l'injustice historique qu'était la sous-représentation des femmes dans les institutions politiques du pays aussi bien au niveau du gouvernement qu'au niveau des administrations décentralisées qu'on appelle également des gouvernements locaux. C'est là un progrès remarquable pour la démocratie participative

Démocratie et développement

La démocratie est un vieux concept de l'antiquité gréco-romaine qui a pris beaucoup de temps pour mûrir et qui a revêtu des formes diverses dans l'histoire des pays de civilisation judéo-chrétienne.

La démocratie dans sa forme actuelle est née en Occident au XVIIIe siècle comme un phénomène endogène suite à un développement économique rapide des classes moyennes.

En Europe, la démocratie s'est développée par étapes successives et les nations ont eu le temps de faire l'apprentissage de ce système qui venait remplacer le pouvoir absolu des rois. Les peuples ont eu le temps d'assimiler la culture démocratique. En effet, pour construire une démocratie il faut avoir suffisamment de démocrates.

En Afrique, la démocratie libérale est arrivée comme un phénomène exogène implanté artificiellement par les anciennes puissances coloniales. Les jeunes États africains ont généralement copié les constitutions des anciennes métropoles sans même chercher à les adapter à leur contexte culturel et historique. De là proviennent à notre sens les difficultés de la démocratie en Afrique. De plus l'Occident est intervenu à coup de diktats relayés par les médias internationaux pour déterminer au jour le jour ce qui était bon et ce qui n'était pas bon pour les pays africains. L'Occident a voulu imposer le rythme du changement avec comme conséquence le risque de déstabilisation politique des jeunes États. En intervenant intempestivement dans un débat où il n'était pas invité, l'Occident a faussé les règles du jeu démocratique étant donné que la référence à la culture des autres peuples a été totalement ignorée.

Par ailleurs, n'oublions pas que dans les années 1960, l'Occident a soutenu les régimes militaires et les régimes à parti unique lorsque la lutte contre l'Empire soviétique était une priorité. Par la suite, la démocratie a été imposée par l'Occident après la chute du Mur de Berlin lorsque les régimes militaires n'étaient plus utiles à l'Occident.

Quel est le bilan actuel du système issu des élections pluralistes en Afrique ? D'aucuns se posent, aujourd'hui, cette question cruciale. Si beaucoup de pays africains peinent à trouver un système démocratique conforme à leur histoire et à leur culture, il est à craindre que l'Occident ne se serve de ces difficultés pour fragiliser les pays africains encore plus comme nous l'avons observé à maintes reprises. L'intervention en Libye de la coalition internationale pour mettre fin au régime de Mouammar Kadhafi qualifié de dictateur, à titre d'exemple, aura causé plus de tort que de bien. En effet, la Libye est devenue un champ de bataille où s'affrontent diverses milices et le retour à la paix semble, à ce jour, un objectif très difficile à atteindre. La leçon à tirer est que la démocratie ne saurait être imposée par les puissances étrangères sans tenir compte des dynamiques internes et régionales des pays africains.

Au Rwanda, les deux premières républiques étaient des régimes totalitaires reposant sur la captation du pouvoir par des partis uniques : MDR-Parmehutu puis MRND. Après la chute du gouvernement génocidaire dit des « Abatababazi » en 1994, les fondements d'une démocratie inédite dans le pays ont été mis en place dans le cadre des « home-grown solutions », c'est-à-dire comme une solution endogène correspondant au contexte historique du pays.

La démocratie rwandaise actuelle a pour base les éléments suivants : le multipartisme, le dialogue politique, le partage du pouvoir entre les différents partis politiques et la politique d'unité nationale. Tout repose sur le principe de la « démocratie consensuelle ». La création du Forum national de consultation des partis politiques au Rwanda en 2003 est une innovation qui devrait être dans les années à venir un grand catalyseur du jeu démocratique.

Pour le reste, les démocraties devraient être jugées non seulement sur les processus électoraux, mais également sur leurs finalités. Au Rwanda ces finalités sont la paix, le progrès, l'éducation, la santé, le travail pour tous, etc.

Partant du fait qu'il n'y a pas de paix sans développement, nous pouvons affirmer que beaucoup a été fait au Rwanda sur le plan socio-économique et que cela est un facteur important dans la recherche d'une paix durable, même si le chemin à parcourir reste long. Le leadership rwandais a été à n'en point douter performant si l'on tient compte des réalisations au vu des énormes défis liés à la lutte de libération nationale et à la reconstruction du pays sans compter le passif laissé par la colonisation, les deux premières républiques et le génocide contre les Tutsi de 1994.

Pour conclure notre propos, disons que le président Paul Kagame a un bilan largement positif. Il a fait preuve d'une grande vision politique, d'une intégrité morale, ainsi que d'une grande efficacité au moment où le pays se trouvait dans les pires difficultés de son histoire.

VIII.

Accélérer l'intégration politique et économique de l'Afrique

« Si nous voulons demeurer libres, si nous voulons jouir entièrement des produits du riche sous-sol africain, nous devons nous unir pour planifier notre défense entièrement et l'exploitation totale de nos moyens matériels et humains, dans l'intérêt total de tous nos peuples. Le fait d'y aller individuellement va réduire notre horizon, réduire nos espoirs et menacer notre liberté. » [138]

(S.E Kwame Nkrumah)

Énormes potentialités

L'Union africaine regroupe 55 états indépendants dont les superficies sont très hétérogènes. Au sein de cette organisation coexistent des pays de grande superficie tels que l'Algérie avec 2,38 millions de km^2, la RD Congo avec 2,34 millions de km^2, le Soudan avec 1,86 million de km^2, la Libye 1,75 million de km^2, le Tchad avec 1,28 million de km^2, le Niger avec 1,26 million de km^2, l'Angola avec 1,24 million de km^2, etc. De l'autre côté se trouvent des pays de moindre superficie tels que les Seychelles avec 452 km^2, São Tomé-et-Principe, 964 km^2, Maurice 2040 km^2, Comores 2236 km^2, etc. Entre les deux extrêmes se retrouvent des pays

[138] Kwame Nkrumah, *Africa Must Unite*. Panaf Books, 1963. p. XVII.

de superficies variables. Avec une superficie de 30,22 millions de km2, l'Afrique, est le troisième continent le plus vaste de la planète après l'Asie (44,57 millions de km^2) et l'Amérique (42,54 millions de km^2). Deuxième continent le plus peuplé de la planète après l'Asie qui compte 4,6 milliards d'habitants, l'Union africaine abrite un marché potentiel de 1,3 milliard de personnes.

Pour ce qui est des ressources, le continent africain contient 97 % des réserves mondiales de chrome, 85 % des réserves mondiales de platines, 64 % des réserves mondiales de manganèse, 25 % des réserves mondiales d'uranium, 13 % des réserves mondiales de cuivre, de la bauxite, du nickel, du plomb, 20 % du potentiel hydroélectrique mondial, 20 % du pétrole commercialisé dans le monde (si nous excluons les USA et l'ex-URSS), 70 % de la production mondiale du cacao, 33 % de la production mondiale de café, 50 % de la production mondiale d'huile de palme, pour ne mentionner que ceux-là.[139]

L'Afrique constitue donc un vaste marché et elle a les moyens de peser de tout son poids dans les relations économiques internationales. Cet objectif peut être atteint à condition de réussir l'intégration politique et économique ainsi qu'une rapide industrialisation du continent. Pour mettre en mouvement tout ce continent, beaucoup de panafricanistes, leaders politiques, intellectuels, artistes, écrivains, etc. se sont mis à réfléchir, à travailler depuis plus d'un siècle pour organiser ce continent, donner de meilleures conditions de vie et surtout redonner une dignité à ses habitants. Le panafricanisme a une histoire glorieuse malgré les multiples obstacles qu'il a rencontrés pour arriver à ses objectifs.

[139] Plan d'action de Lagos pour le développement économique et social.

Panafricanisme et développement

Le panafricanisme est un vaste mouvement intellectuel, sociopolitique et culturel qui est né dans les diasporas africaines sur le continent américain à la fin du XIXe siècle et qui visait la mobilisation en vue de la lutte pour l'émancipation des Noirs victimes de l'esclavagisme en Amérique, du colonialisme en Afrique, du racisme ainsi que de tant d'autres humiliations. W.E.B. Dubois, rapporte que le mot « panafricanisme » fut prononcé pour la première fois par l'avocat, écrivain et activiste Henry Sylvester William lors de la conférence de Westminster Hall du 23 au 25 juillet 1900 à Londres. Juste après la Première Guerre mondiale, le premier congrès panafricain est organisé à Paris en février 1919 par l'Afro-américain W.E.B Dubois. Le deuxième congrès panafricain se tiendra à Londres en 1921 et sera suivi par le troisième congrès panafricain de Londres qui se tiendra en 1923. Le quatrième congrès panafricain se tiendra à New York en 1927 avec 208 délégués.

Malgré l'engagement de W.E.B Dubois et de tant d'autres grandes personnalités, les progrès du panafricanisme seront lents par manque de fonds ainsi qu'un nombre limité de membres[140].

Après le quatrième congrès panafricain, le mouvement va connaître un ralentissement dû notamment à la grande crise de 1929 ainsi que la Deuxième Guerre mondiale.

Le cinquième congrès panafricain de Manchester en 1945, juste après la fin de la Deuxième Guerre mondiale, prendra une grande dimension parce que les nationalistes africains soucieux de la libération politique du continent africain, dont Jomo Kenyatta, vont se joindre aux théoriciens du panafricanisme. Georges Padmore et Kwame Nkrumah sont dans le comité d'organisation et assurent conjointement le

---

[140] Kwame Nkrumah. *Africa must unite*, Panaf Books, 1963, p. 133.

secrétariat du congrès. En décembre 1958 se tiendra sur le continent africain, deux ans après l'indépendance du Ghana, la « All-African People's Conference » qui sera un très grand succès, car 62 délégations de nationalistes africains sont présentes, dont Patrice-Émery Lumumba du Congo-Léopoldville et Tom Mboya du Kenya.

Plusieurs réunions au niveau des chefs d'État vont se tenir entre 1958 et 1963 visant la libération totale de l'Afrique et son unité politique. Le 24 décembre 1960, Kwame Nkrumah du Ghana, Ahmed Sékou Touré de Guinée-Conakry, et Modibo Keïta du Mali se réunissent à Conakry et lancent le projet de création de « Union of african States » (en sigle U.A.S)[142]. Il était convenu que cette union allait intégrer progressivement les autres pays africains, mais ce grand projet ne verra pas le jour. L'union va bien fonctionner durant un certain temps, mais malheureusement, une division idéologique va apparaître en 1961 au sein des pays africains nouvellement indépendants entre ce qui sera appelé le « groupe de Casablanca » et le « groupe de Monrovia ».

Le Ghana, la Guinée-Conakry, le Mali, la Tunisie, l'Algérie, l'Égypte, la Libye, et le Maroc faisaient partie du groupe de Casablanca et étaient prêts à céder une partie de leur souveraineté pour former immédiatement une union continentale. C'étaient les pays dits de gauche et panafricanistes. D'autres pays africains nouvellement indépendants étaient jaloux de leur souveraineté et ne souhaitaient pas céder une partie de leur souveraineté. Ils feront partie du groupe de Monrovia.

Lors de la conférence des chefs d'État du groupe de Casablanca tenue du 3 janvier 1961 au 7 janvier 1961, Kwame Nkrumah dira dans le discours de clôture : *« Je ne vois aucune sécurité pour les États africains à moins que les leaders, comme nous l'avons fait, réalisent sans le moindre doute, que le salut de l'Afrique se trouve dans l'unité* [...] *parce que dans l'unité se trouve la force, et d'après mes constatations, les États africains doivent s'unir ou se vendre à l'impérialisme et aux colonialistes exploiteurs pour un plat de lentilles ou bien se désintégrer individuellement ».*[141]

Pour Kwame Nkrumah, c'est au niveau régional et continental qu'il fallait réclamer l'indépendance. Un programme politique et un gouvernement provisoire visant la réalisation de l'Union des États africains devaient être mis en place. L'adoption d'une langue commune était aussi invoquée.

Dans sa tentative d'organiser l'Union des États de l'Afrique de l'Ouest pour qu'ils obtiennent ensemble l'indépendance, Nkrumah va se heurter entre autres à l'hostilité manifeste de la France à tout projet panafricain.

La France avait un autre projet à savoir l'octroi de l'indépendance à ses colonies en les balkanisant et en les gardant dans la communauté française. Les colonies françaises devaient rester des fournisseurs de matières premières et produits tropicaux tout en continuant à servir de marché pour les produits français. Désormais Nkrumah va se consacrer à l'indépendance du Ghana. Dans la constitution du Ghana, il sera inscrit à l'article 2 que le gouvernement ghanéen est prêt à *« céder une partie ou l'intégralité de la souveraineté du Ghana en vue d'une union des États africains ».*

Une fois devenu président du Ghana, Nkrumah va découvrir le néocolonialisme, ce mécanisme qui permet aux anciennes métropoles de maintenir leurs anciennes colonies dans une situation de dépendance, notamment économique et militaire[142]. Les grands nationalistes africains vont progressivement comprendre que l'indépendance politique est en réalité le point de départ d'un combat pour créer une autre Afrique ; une Afrique unie, prospère où règne la paix et

---

[141] Ib*Idem* pp. 141,-142.
[142] Kwame Nkrumah. 1963 *op. cit.*

la sécurité, une Afrique où règne la bonne gouvernance et l'État de droit.

Lors de la création de l'OUA à Addis-Abeba le 24 mai 1963, Nkrumah dira dans son discours *« nous devons nous unir maintenant ou périr »*[143]. Son dernier livre *« Africa Must Unite »* : « L'Afrique doit s'unir » avait été largement distribué pour convaincre ses homologues.

Cependant, la plupart des chefs d'États africains présents à Addis-Abeba étaient avant tout préoccupés par la conservation du pouvoir qu'ils avaient acquis sur les États nouvellement indépendants. Nkrumah plaida entre autres pour la mise en place d'une armée africaine et d'un haut commandement militaire pour éviter d'avoir recours aux armées des anciennes puissances coloniales pour des interventions en Afrique. Finalement, L'OUA ne prendra pas la forme que souhaitait Nkrumah. Ce fut le triomphe d'un panafricanisme modéré qui entrera dans la routine et ce fut, à cet égard, une déception pour Kwame Nkrumah.

Désormais des régimes sous domination néocoloniale vont prospérer tranquillement en Afrique tout en participant régulièrement aux sommets de l'OUA.

La création de l'Organisation de l'unité africaine en 1963 à Addis-Abeba ne changera pas grand-chose à cet état de fait. L'Afrique aura aussi été divisée par les grandes idéologies du XXe siècle à savoir le capitalisme et le collectivisme ainsi que leur corollaire, à savoir la guerre froide qui s'est aussi menée sur le continent africain.

Kwame Nkrumah sera renversé par un coup d'État militaire instigué par un pays étranger en 1966, et sera accueilli en Guinée- Conakry où lui fut proposé le statut de vice-président. À sa mort en 1972, le centre de gravité du

143 Amzat Boukari-Yabara, *Africa Unite! Une histoire du panafricanisme*. Éditions La Découverte, Paris, 2014.

panafricanisme va se déplacer vers la Tanzanie, car Mwalimu Julius Nyerere le président de la République du Tanganyika va apporter une contribution majeure dans la libération de l'Afrique australe. Le siège du comité de libération de l'OUA sera installé à Dar es Salaam et bientôt presque tous les mouvements de libération des pays de l'Afrique australe vont s'y installer. Les grandes personnalités panafricanistes d'Amérique et d'Asie ainsi que celles qui soutenaient les mouvements de libération seront régulièrement accueillies à Dar es Salaam[144].

Le sixième congrès panafricain se tiendra dans cette ville tanzanienne du 19 juin au 27 juin 1974 et Mwalimu Julius Nyerere en assurera la présidence. Ce sera le premier congrès à se dérouler en terre africaine.

Ce congrès est marqué par la forte participation des Afro-américains due à l'émergence et au combat de grandes figures comme Martin Luther King et Malcom X. La libération totale de l'Afrique et spécialement l'Afrique australe du colonialisme et de l'apartheid va occuper une place centrale.

Bientôt d'autres personnalités vont émerger sur la scène africaine et vont tenter de faire avancer la cause du panafricanisme. Thomas Sankara aura marqué son pays et l'Afrique entière par sa volonté politique d'apporter un changement profond dans la manière de gérer l'État au profit des populations. Il aura aussi mené une lutte sans compromis contre le néocolonialisme. Thomas Sankara sera assassiné en 1987.

Le septième congrès panafricain se déroulera à Kampala du 3 avril au 8 avril 1994.

Le colonel Kadhafi va également mener une lutte contre le néocolonialisme et va plaider pour la mise en place de l'Union

---

[144] *Idem.*

africaine chère à Nkrumah. Il réussira à faire signer à Syrte la charte de l'Union africaine avant d'être assassiné en 2011.

Un huitième congrès se déroulera à Johannesburg du 14 janvier au 16 janvier 2014. Aujourd'hui, le mouvement semble s'être affaibli et a remplacé ses congrès par des forums organisés par les États africains et l'Union africaine.

Pour mieux comprendre ce qui précède, nous reproduisons les extraits de deux discours importants d'éminentes personnalités panafricanistes. Ces deux discours que séparent trois décennies montrent tout à la fois la continuité de la pensée panafricaine, la difficulté de sa concrétisation et son actualité toujours vive et nécessaire.

La première citation est issue du discours de Kwame Nkrumah prononcé le 24 mai 1963, lors du premier sommet fondateur de l'OUA à Addis-Abeba, en Éthiopie :

« Sur notre continent, il ne nous a pas fallu longtemps pour découvrir que la lutte contre le colonialisme ne prend pas fin lorsqu'on a réalisé l'indépendance nationale. Cette indépendance n'est que le prélude d'un combat nouveau et plus complexe pour la conquête du droit de diriger nous-mêmes nos questions économiques et sociales, en dehors des entraves écrasantes et humiliantes de la domination et de l'intervention néo-colonialiste.

Mais si nous avons compris que la prise en main de nos destins nationaux exigeait que chacun d'entre nous possédât son indépendance politique et si nous avons concentré toute notre force pour y parvenir, de même nous devons reconnaître que notre indépendance économique réside dans notre Union africaine et exige la même concentration sur les réalisations d'ordre politique.

Comment, sinon par nos efforts conjoints, les parties les plus riches et encore asservies de notre continent seront-elles libérées de l'occupation coloniale et pourront se joindre à nous pour le développement total de notre continent ? Chaque étape dans la décolonisation de notre continent a suscité un surcroît de résistance dans les secteurs où le colonialisme dispose de garnisons coloniales. Vous tous qui êtes ici, vous le savez. [...]

Une première démarche vers une économie cohérente devrait consister en la création d'une zone monétaire unifiée [...]. Lorsque nous disposerons d'une monnaie commune émise par une seule banque d'émission, nous devrions être capables de tenir par nos propres forces, car un tel arrangement serait pleinement appuyé par le produit national combiné des États qui composent notre union. [...] Tandis que nous assurerons notre stabilité par un système de défense commune et que notre économie sera orientée en dehors de toute domination étrangère au moyen d'une devise commune, d'une zone monétaire et d'une banque centrale d'émission, nous pourrons déterminer si nous possédons le plus vaste potentiel d'énergie hydroélectrique et si nous pouvons l'exploiter, ainsi que les autres sources d'énergie, au bénéfice de nos propres industries. Nous pourrons commencer à dresser le plan de notre industrialisation à l'échelle du continent et à construire un marché commun pour près de trois cents millions d'êtres humains. Cette planification continentale commune, au service du développement agricole et industriel de l'Afrique, est une nécessité vitale.

Tant de bénédictions doivent provenir de notre Unité, tant de désastres doivent découler du maintien de notre désunion, que si nous ne parvenons pas aujourd'hui à nous unir, cet échec ne sera pas imputé par la postérité uniquement à un défaut de raisonnement lié à un manque de courage, mais au fait que nous avons capitulé devant les forces conjuguées du néocolonialisme et de l'impérialisme. »

Kwame Nkrumah[145]

---

[145] Extrait de *Africa Must Unite. op. cit.*, p. 177.

La deuxième citation provient du discours que Julius Nyerere a prononcé à Accra à l'occasion des célébrations du quarantième anniversaire de l'indépendance du Ghana le 6 mars 1997 :

« Ma dernière observation est une confession et un plaidoyer. La confession est que nous, dirigeants de la première génération de l'Afrique indépendante, n'avons pas poursuivi l'objectif de l'unité africaine avec la vigueur, l'engagement et la sincérité qu'il méritait. Cela ne signifie pas pour autant que l'unité n'est plus d'actualité. [...] L'avenir de l'Afrique, sa modernisation qui a sa place au XXIe siècle, sera déterminé par sa décolonisation et sa détribalisation. Faire perdurer l'atavisme tribal, ce serait renoncer à tout espoir pour l'Afrique. Et de tous les péchés que l'Afrique peut commettre, le péché du désespoir serait le plus impardonnable. [...]

Une nouvelle génération d'Africains qui se respectent devrait cracher au visage de quiconque suggère que notre continent devrait rester divisé et fossilisé dans la honte du colonialisme, afin de satisfaire la fierté nationale de nos anciens maîtres coloniaux. L'Afrique doit s'unir ! Tel était le titre de l'un des livres de Kwame Nkrumah. Cet appel est plus urgent aujourd'hui que jamais.

Ensemble, nous, les peuples d'Afrique, serons incomparablement plus forts sur le plan international que nous ne le sommes actuellement avec notre multiplicité d'États non viables. Les besoins de nos pays séparés peuvent être, et sont, ignorés par les riches et les puissants. Le résultat est que l'Afrique est marginalisée lorsque des décisions internationales affectant nos intérêts vitaux sont prises. L'unité ne nous rendra peut-être pas riches, mais elle peut rendre difficile que l'Afrique et les peuples africains soient méprisés et humiliés. Et elle augmentera, par conséquent, l'efficacité des décisions que nous prenons et que nous essayons de mettre en œuvre pour notre développement.

Ma génération a conduit l'Afrique à la liberté politique. La génération actuelle de dirigeants et de peuples d'Afrique doit reprendre le flambeau vacillant de la liberté africaine, le raviver avec son enthousiasme et sa détermination, et le faire avancer. »

Force est de constater que l'intégration du continent africain a rencontré et continue à faire face à de nombreux obstacles. Nous en citons quelques-uns à titre d'exemple :

- Une faible sensibilisation des Africains aux grands défis économiques du continent ;
- L'existence de nombreuses contradictions secondaires qui minent les relations entre États africains et peuples africains à savoir le sectarisme, le tribalisme, les rivalités ethniques et régionales ;
- L'émergence des idéologies liées à l'intégrisme religieux ;
- Le terrorisme.

Il est particulièrement regrettable de constater que les différences ethniques et morphologiques qui devraient faire la richesse de l'Afrique sont devenues le prétexte de divers conflits très coûteux en vies humaines et qui ne font que retarder le développement de l'Afrique.

Quel est l'État du panafricanisme aujourd'hui ? Le panafricanisme aura joué un grand rôle dans la prise de conscience des élites africaines durant le XXe siècle pour la lutte pour les indépendances. Cependant, les élites africaines n'ont pas eu la même vision sur les objectifs et les moyens de les atteindre.

Les grandes figures du panafricanisme se sont éteintes, mais l'idée du panafricanisme reste d'actualité. Si le panafricanisme du XXe siècle a réussi son objectif de libération politique du continent africain, le panafricanisme du XXIe siècle devrait se redéfinir, car la situation concrète sur le terrain a beaucoup évolué depuis la fin de la Deuxième Guerre mondiale.

Nkrumah avait réussi à bien théoriser le panafricanisme du XXe siècle. Il appartient à la génération actuelle de théoriser le panafricanisme du XXIe siècle. Le panafricanisme actuel devrait se pencher sur au moins quatre questions majeures :

Mwalimu Julius Nyerere
Source : Getty Images

1. La question de l'accélération du processus d'intégration politique et économique au niveau régional ainsi qu'au niveau continental ;

2. La question de l'unité africaine par rapport aux conflits communautaires à travers le continent africain pour faciliter la médiation ainsi que le règlement des conflits ;

3. La question de l'éducation, de la formation et de la recherche en Afrique et particulièrement la réhabilitation des universités africaines afin de réduire la dépendance scientifique et technologique ;

4. La question de la mondialisation pour bien comprendre ses mécanismes et son impact sur le continent africain.

Nous plaidons pour l'instauration au sein de l'Union africaine et dans chaque pays africain, d'un ou plusieurs prix destinés à récompenser chaque année les personnes physiques ou morales qui auront le plus contribué à faire progresser le panafricanisme et l'intégration économique africaine à l'instar des prix qui priment les meilleurs sportifs, artistes ou scientifiques. Ce serait une des méthodes pour amener une certaine émulation dans ce domaine si crucial pour le devenir de notre continent.

Mwalimu Julius Nyerere
Source : Getty Images

De l'Organisation de l'unité africaine (OUA) à l'Union africaine (UA)

Créée en 1963 à Addis-Abeba, l'OUA a suscité beaucoup d'espoirs au sein des peuples africains à peine libérés du joug du colonialisme[146]. Tous les espoirs étaient permis. Cependant, l'unité n'était pas totale parce que l'OUA est née dans le contexte de guerre froide et beaucoup de pays africains étaient alignés sur l'un ou l'autre des deux blocs qui s'affrontaient sur le champ politique et économique.

Il existait en Afrique une fracture idéologique même si la plupart des pays africains étaient inscrits au mouvement des non-alignés. De grandes divergences vont apparaître, par exemple au moment du règlement de certains conflits tel que celui lié à l'indépendance du Sahara occidental où l'Afrique était divisée en deux camps opposés.

Le Maroc a d'ailleurs claqué la porte de l'organisation à cette époque pour revenir vingt ans plus tard. Cependant, il faut déjà se féliciter du fait que, malgré les divergences idéologiques, tous les pays sont restés attachés à l'organisation continentale.

Dans ce contexte politique, la deuxième session extraordinaire de la conférence des chefs d'État et de gouvernement de l'OUA, réunie à Lagos (Nigeria) du 28 au 29 avril 1980, va lancer le Plan d'action de Lagos (P.A.L) qui préconisait une restructuration des fondements économiques du continent africain qui était en état de stagnation[147]. Ce plan faisait suite aux promesses non réalisées des stratégies globales de développement du continent africain.

L'Afrique s'était retrouvée incapable d'atteindre le moindre taux significatif de croissance ou un niveau

---

[146] Charte de l'OUA.

[147] Plan d'action de Lagos pour le développement économique et social.

satisfaisant de bien-être général des populations au cours des dernières vingt années.

Le plan énonce toutes les mesures à prendre pour qu'à l'horizon 2000, l'Afrique puisse avoir une économie dynamique et autocentrée.

Les recommandations couvraient beaucoup de secteurs de l'économie dont ceux de l'alimentation et l'agriculture, l'industrie, les ressources naturelles, les ressources humaines, les sciences et technologies, les transports et communications, les questions commerciales et financières, la coopération économique et technique, l'énergie, les pays africains les moins avancés, l'énergie, les femmes et le développement, la planification du développement, etc.

Dans ses résolutions, la conférence va déplorer l'absence de volonté politique et l'attitude négative des pays industrialisés dans les négociations internationales sur la restructuration de l'économie mondiale, en vue de l'instauration du nouvel ordre économique international.

À cette conférence présidée par le président Léopold Sédar Senghor du Sénégal, l'Afrique prend conscience de l'inefficacité des stratégies de développement prônées par les pays industrialisés et met en place son propre plan de développement établi par des experts africains.

C'était un grand pas en avant dans la mesure où l'Afrique prenait conscience du fait que le progrès de l'Afrique ne viendrait pas de l'aide au développement, ni des institutions financières internationales, ni d'autres remèdes conçus à l'extérieur du continent africain.

Qu'est-ce qui a changé depuis le Plan d'action de Lagos ? Des taux de croissance élevés sont constatés dans plusieurs pays africains, mais la croissance devrait être plus inclusive pour que l'ensemble de la population puisse en bénéficier. Des progrès sont à constater en ce qui concerne l'intégration régionale. Des efforts sont visibles à ce niveau en ce qui concerne l'intégration politique ainsi que les échanges commerciaux. Cependant, le Plan d'action de Lagos n'a pas abouti à des résultats substantiels concernant l'établissement d'un marché commun africain à l'horizon 2000.

Il n'est plus à démontrer que la constitution de vastes ensembles économiques ou marchés favorise le développement des secteurs tels que l'industrie et les échanges commerciaux.

La prospérité de l'Afrique ne peut provenir que d'une intégration politique et économique progressive. Les pères fondateurs de l'indépendance, à savoir Kwame Nkrumah, Modibo Keita, Julius Nyerere, etc. avaient eu cette intuition. Le débat à nos jours serait de voir la meilleure façon d'y parvenir concrètement. Les idées divergent sur ce point. Pour certains, l'intégration africaine devrait se faire à l'échelle continentale. Pour d'autres, l'intégration devrait se faire par étapes en commençant par la création d'ensembles sous-régionaux. L'intégration régionale constituerait une étape de départ vers l'intégration continentale.

Ainsi, des organisations sous-régionales se construisent progressivement. La Southern Development Community (SADEC) pour l'Afrique australe, l'East African Community (EAC) pour l'Afrique de l'Est, la Common Market for East and Southern Africa (COMESA) pour la Corne de l'Afrique, l'Afrique de l'Est ainsi que l'Afrique Australe. La Communauté économique des États de l'Afrique de l'Ouest (CEDEAO) pour l'Afrique de l'Ouest, la Communauté économique des États de l'Afrique centrale (CEAC) pour l'Afrique Centrale, etc. Toutes ces initiatives sont à saluer. Nous souhaitons qu'une meilleure planification et un chronogramme précis soient établis pour éviter que les initiatives prises soient sans lendemain.

L'intégration africaine peut également se faire au niveau sectoriel. Les banquiers, les assureurs, les sociétés de télécommunications, les institutions de collecte des impôts, les organes de défense et de sécurité... ont des forums où ils se réunissent chaque année en vue d'harmoniser leurs méthodes de travail. Cela constitue également une méthode efficace pour construire l'intégration.

De plus, nous pensons que le temps n'est pas en notre faveur étant donné que de nombreux problèmes ont surgi entre- temps et retardent considérablement ce processus. Des objectifs précis ainsi qu'une planification précise devraient être mis en place.

Le Traité d'Abuja fut signé le 3 juin 1991[148], par les chefs d'État et chefs de gouvernement, pour instituer la communauté économique africaine. Les chefs d'État présents se sont engagés à créer une « une communauté économique africaine » faisant partie de l'OUA. Cette communauté devait être mise en place au cours d'une période de transition de trente-quatre années au maximum, subdivisée en six étapes de durées variables.

La première étape de cinq ans devait être entre autres consacrée au renforcement du cadre institutionnel des communautés régionales.

La deuxième étape devait s'occuper entre autres de l'élaboration et de l'adoption des études afin de fixer le calendrier pour l'élimination progressive des barrières tarifaires et non tarifaires entravant le commerce régional et intracommunautaire. Cette étape visait le renforcement de l'intégration sectorielle économique aux niveaux régional et continental ainsi que la coordination et l'harmonisation des activités entre les communautés économiques.

La troisième étape de dix ans devait voir la création d'une zone de libre-échange au niveau de chaque communauté économique régionale.

---

[148] Traité d'Abuja.

Dans une quatrième étape de deux années, était notamment prévue la mise en place d'une union douanière au niveau du continent africain.

Dans une cinquième étape de quatre ans, une politique commune devait être adoptée dans certains secteurs de l'économie, et les politiques monétaires, financières et fiscales devaient être harmonisées, tout comme les règles de libre circulation des personnes et de droits de résidence et d'établissement.

Dans une sixième étape de cinq ans, un Fonds monétaire africain, une Banque centrale africaine, et une monnaie africaine unique devaient, entre autres, être créés.

En même temps, devait être parachevée la mise en place de la structure d'un parlement africain et l'élection au niveau continental de ses membres au suffrage universel. La mise en place des structures des organes exécutifs de la communauté était également prévue. Il était en outre prévu la mise en place des structures des entreprises africaines dans tous les secteurs. Enfin, la période de transition ne pouvait pas excéder 40 années soit une limite fixée vers 2031.

L'Organisation de l'unité africaine (OUA) sera remplacée par l'Union africaine (UA) le 9 juillet 2002 à Durban (Afrique du Sud). Cela faisait suite de la déclaration de Syrte en Libye du 9 septembre 1999, où les chefs d'État et de gouvernement s'étaient réunis. La structure de l'OUA ne répondait plus aux ambitions de l'Afrique qui souhaitait évoluer vers une intégration politique et économique. À cet effet, la commission de l'UA sera un organe exécutif ayant plus de pouvoirs qu'en avait le secrétariat de L'OUA.

Le New Partnership for Africa's Development (NEPAD) ou Nouveau Partenariat pour le développement de l'Afrique, qui était une initiative de l'ancienne OUA en 2001, a été officiellement adopté en 2002 au sommet de l'UA de Durban. Les membres fondateurs étaient l'Afrique du Sud, le Nigeria, l'Égypte, le Sénégal et l'Algérie. Les objectifs affichés par le NEPAD étaient l'éradication de la pauvreté, la promotion d'une croissance durable ainsi que le développement, le renforcement des capacités des femmes ainsi que l'arrêt de la marginalisation du continent africain sur le plan mondial.

Une fois intégré dans les structures de l'UA, le NEPAD est devenu le NEPAD Planning and Coordinating Agency (NEPAD Agency). Le grand mérite du NEPAD est qu'il est sorti de la théorie et tente de résoudre des problèmes concrets que sont la facilitation et la coordination des programmes de développement à travers le continent africain. L'ultime but du NEPAD est de combler le fossé séparant l'Afrique du reste du monde. Les problèmes qu'il aborde concernent l'agriculture et la sécurité alimentaire, le changement climatique et la gestion des ressources naturelles, l'intégration régionale et les infrastructures, le développement des ressources humaines, l'amélioration de la gouvernance économique ainsi que celle des entreprises, la promotion de l'égalité des genres, la promotion des technologies de l'information et communication (ICT), le renforcement des capacités et communications, etc.

La Zone de libre-échange continentale africaine (ZLECAf)

« Nous ne devrions pas juste réfléchir pour le Rwanda, mais pour le continent et le rôle que le continent joue sur la scène mondiale ».[149] SE Paul Kagame au forum économique Kenya-Rwanda, 11 juillet 2015.

La signature de l'accord de libre-échange continental africain[150] à Kigali, le 21 mars 2018, a été un pas d'une

[149] SE Paul Kagame au Forum Economique Kenya Rwanda, 11 juillet 2015.

[150] Acte constitutif de la ZLECAF.

extrême importance sur le chemin qui mènera à l'intégration économique du continent, car la stimulation du commerce intra-africain va créer un vaste marché de biens et services propice à une rapide industrialisation.

L'un des objectifs de la ZLECAf est ainsi libellé « créer un marché unique pour les marchandises et les services, facilité par la circulation des personnes afin d'approfondir l'intégration économique du continent africain et conformément à la vision panafricaine d'une Afrique intégrée, prospère et pacifique telle qu'énoncée dans l'Agenda 2063.

Je pense que l'interconnexion de ces économies va induire par un enchaînement des processus d'autres changements socio-économiques qui vont accélérer l'intégration économique de l'Afrique.

Dans l'hypothèse où la ZLECAF aurait atteint une grande partie de ses objectifs dans l'espace d'environ un siècle, il est permis d'envisager qu'outre des changements qualitatifs très importants au niveau des performances économiques des États africains ainsi qu'un meilleur niveau de vie des populations, il y aura des changements culturels et politiques induits très importants au sein des populations africaines, ayant pour conséquence un plus grand engagement allant vers l'édification des « États-Unis d'Afrique » chère à Kwame Nkrumah.

La ZLECAF est un pas décisif sur la voie de l'intégration économique africaine. Cependant, il faudra voir la façon dont la mise en œuvre sera faite notamment le temps qu'il faudra pour sa réalisation ainsi que d'autres politiques complémentaires à mettre en place notamment la politique d'industrialisation de l'Afrique qui sera nécessaire pour assurer que les populations africaines tirent le maximum de profit de tous ces changements.

En conclusion partielle, nous constatons que l'OUA ainsi que L'UA se sont dotées d'un arsenal juridique bien élaboré qui prouve que les experts et les ressources humaines sont au rendez-vous. Cependant, la réalisation des objectifs sur le terrain accuse du retard que ce soit au niveau régional ou continental. Et pourtant, comme l'a écrit l'historien romain Tite-Live, le péril est dans le retard. Et le retard signifie des jours, des années perdues sur le chemin du progrès et de la réduction de la pauvreté. À qui et à quoi imputer la faute ? À l'ampleur de la tache ? Aux différents gouvernements ? À la faible sensibilisation des partis politiques et sociétés civiles ? Aux difficultés économiques ? À la dépendance économique vis-à-vis des anciennes métropoles ? Il se peut que ce soit lié à une combinaison de tous ces facteurs ainsi qu'à bien d'autres qui restent à identifier.

Les panafricanistes de tous les pays devraient se saisir du dossier pour mobiliser et accélérer le processus d'intégration économique continentale afin d'assurer une plus grande compétitivité de l'économie africaine dans le cadre de la mondialisation.

IX.

Tirer profit de la mondialisation

« ...à la création de l'Union africaine en 2002, son agenda incluait, la promotion de la paix, la stabilité, les droits de l'homme, la démocratie, la bonne gouvernance et le développement durable. Parmi les facteurs qui ont motivé la formation de l'Union se trouvait la dotation de l'Afrique d'une plate-forme et d'une voix pour pouvoir survivre et bénéficier de la mondialisation. »

Dr Wafula Okumu[151].

Pour beaucoup d'économistes, le premier grand épisode de mondialisation économique et financière se situe au XIXe siècle où l'on constate une intensification des échanges internationaux de marchandises et de capitaux entre l'Europe et le « Nouveau Monde » des Amériques. Le processus de mondialisation est interrompu par les deux conflits mondiaux et par les difficultés économiques et financières de l'entre-deux-guerres, notamment l'hyperinflation allemande de 1923-1924 et la Grande Dépression des années 1930[152].

---

[151] Wafula Okumu, The African Union : pitfalls and prospects for uniting africa, University of Columbia, Journal of international affairs, Spring/summer 2009, volume 62, number 2.

[152] Les enjeux de la mondialisation (Tome III), Collection Repères, Éditions La Découverte, Paris, 2007. Auteurs : C. Chavagneux- F. Milewski- J. Pisani- Ferry- D. Plihon- M. Rainelli- J.-P.Warnier.

Le lecteur comprendra que, pour l'Afrique, la première mondialisation a coïncidé avec les années qui ont précédé la conférence de Berlin de 1885. Les puissances coloniales qui, pendant quatre siècles, s'étaient adonnées à l'esclavagisme ont décidé à cette époque de se partager les zones d'influence et de s'installer cette fois-ci sur le continent africain pour exploiter ses richesses à une très grande échelle.

À la fin de la Deuxième Guerre mondiale, ce sont les grandes puissances vainqueures de ce conflit qui ont remis en place l'ordre économique mondial préexistant et ont installé des institutions financières internationales qui devaient le gérer. Le tiers monde et l'Afrique en particulier, encore sous occupation coloniale, étaient les grands absents à Bretton Woods lors de la création du Fonds monétaire international (FMI) et de la Banque internationale pour la reconstruction et le développement (BIRD), plus connue sous le nom de Banque mondiale (BM).

Par la suite, le Directeur général du FMI sera toujours un Européen et le Directeur général de la Banque mondiale sera un Américain. La fin du XXe siècle verra des pays (Brésil, Russie, Inde, Chine, Afrique du Sud, Singapore, etc..) émerger grâce au commerce international, mais cela n'a pas encore modifié l'ordre économique mondial. Que faut-il à l'Afrique pour rejoindre le peloton des pays émergents ?

Commerce international et croissance économique

La mondialisation, un phénomène complexe, recouvre une grande diversité de processus. En premier lieu, elle correspond à l'ouverture des économies nationales aux transactions internationales et le développement des échanges de biens et services (dimension internationale). En second lieu, la mobilité des facteurs de production, et plus particulièrement des capitaux, que l'on désigne habituellement par la globalisation financière. En troisième lieu, elle est un processus d'interpénétration croissante des économies nationales impliquant l'effacement progressif des frontières, l'affaiblissement des régulations nationales et la déterritorialisation des activités économiques : plus qu'une internationalisation de l'économie, il s'agit d'une mondialisation des processus de production et des marchés, avec des marchés intégrés et des entreprises qui deviennent des « acteurs globaux » dont les décisions et comportements semblent échapper à toute considération nationale, et dicter leur loi aux responsables politiques nationaux[153].

Les institutions financières internationales FMI, la BM et l'OMC considèrent l'ouverture des économies comme la politique de développement la plus efficace, en permettant aux pays qui suppriment les barrières aux échanges internationaux d'atteindre des taux de croissance élevés.

Ce sacro-saint principe est utilisé depuis très longtemps mais il a montré beaucoup de limites notamment en ce qui concerne la réduction de la pauvreté ainsi que la création d'emplois.

Réduire la pauvreté en Afrique

Comme nous l'avons vu plus haut, les premiers contacts de l'Afrique noire avec l'Occident au XVe siècle ont été désastreux pour les Africains au point de vue culturel, politique et socio-économique du fait de la traite des Noirs. La colonisation a prolongé le désastre, même si quelques gains très faibles comparés aux coûts ont été obtenus dans certains domaines comme celui de l'enseignement et de la santé après la Seconde Guerre mondiale (1939-1945).

Après ce conflit mondial, les institutions de Breton Woods (FMI et BM) seront chargées du maintien de la stabilité du système international. L'intégration de l'Afrique dans

153 *Idem.*

l'économie mondiale s'est accélérée suite aux différentes politiques dictées par le FMI ainsi que la BM à savoir l'austérité fiscale, la privatisation des entreprises d'État, la libéralisation du commerce, etc. Si cette politique a généralement produit une croissance économique, elle a accru les inégalités au sein des sociétés et dans presque tous les pays africains les bénéfices de la mondialisation ne se sont pas fait sentir au niveau de la réduction de la pauvreté et de la création d'emplois. Les pays africains ont été, entre autres, victimes de leurs faibles pouvoirs de négociation avec les institutions de Breton Woods parce que les conditionnalités préalables à l'obtention d'un prêt ou financement sont très peu négociables.

Joseph Stiglitz, auteur du livre « Globalization and its discontents » ancien vice-président et économiste en chef de la Banque mondiale, prix Nobel d'économie 2017 constate que les pays en voie de développement ne sont pas satisfaits de la mondialisation. Il constate également que s'ils constituent 85 % de la population mondiale ils ne bénéficient que de 15 % du revenu mondial.[154] Cette situation génère un profond sentiment d'injustice en Afrique subsaharienne fondé sur le fait que ce sont les grandes puissances qui ont édicté les règles qui devaient régir le fonctionnement de la mondialisation au lendemain de la Seconde Guerre mondiale.[155]

Les grosses multinationales font des superprofits et laissent très peu de gains à l'Afrique. Les bénéfices reviennent à ceux qui étaient déjà riches et les pertes à ceux qui étaient déjà pauvres.

Il n'y a plus de doute que la mondialisation a été mal gérée et les règles qui la régissent sont en défaveur des pays en voie

---

[154] Joseph E. Stiglitz, *Globalization and its discontents-Revisited*, Penguin Books, 2017, p. XII.
[155] *Idem*.

de développement[156]. L'Afrique est entrée dans l'ordre mondial par la petite porte avec la traite des Noirs, puis avec la colonisation. Les indépendances n'ont pas changé grand-chose pour ce qui est de la place de l'Afrique dans l'ordre mondial. L'Afrique est donc mal partie pour reprendre la célèbre formule de René Dumont. Cependant, l'Afrique a d'énormes potentialités qui sont des facteurs qui pourraient lui permettre de renverser la situation en sa faveur.

Le choix qui a été donné aux pays en voie de développement était d'accepter les termes de la mondialisation ou d'être ostracisé, excommunié. C'est ainsi que beaucoup de pays en voie de développement sont extrêmement endettés. Ainsi, l'accession des anciennes colonies à l'indépendance ne s'est pas toujours accompagnée de progrès économiques significatifs et a même entraîné une certaine régression du niveau de vie des populations dans certains cas. L'Afrique devrait continuer à lutter pour un nouvel ordre mondial. Nous devons également garder à l'esprit que la croissance économique devrait s'accompagner d'une lutte contre la pauvreté pour éviter que le progrès ne se fasse au détriment des plus faibles.

Dans son rapport 2020, la BAD note que l'Afrique a affiché un taux de croissance de 3,4 % et que six pays sur dix ayant la plus grande croissance au monde se situent en Afrique, à savoir le Rwanda (8,7 %), Côte d'Ivoire (7,4 %), Éthiopie (7,4 %), Ghana (7,1 %), Tanzanie (6,8 %) et le Bénin (6,7 %). Cependant, le président de la BAD, Mr Akinwumi Adesina, ajoute que ce n'est pas la croissance du produit intérieur brut (PIB) qui compte ; il faudrait que la croissance profite au plus grand nombre de la population[157]. En effet, la pauvreté qui se situe en moyenne autour de 50 % de la population africaine recule très lentement.

---

[156] *Idem*, p. XV-XIII.

[157] Rapport 2020 de la B.A.D.

Dysfonctionnements de la mondialisation

Au centre de l'économie mondiale, aux USA, le nombre de personnes qui entrent dans la pauvreté est en augmentation et les revenus des classes moyennes sont en stagnation. Seule une centaine de milliers de personnes aux USA constituant 1 % de la population parvient à augmenter ses revenus.[158] C'est pour cette raison que même dans les pays avancés beaucoup de voix s'élèvent pour réclamer un nouvel ordre mondial. Outre les pays en voie de développement qui ont toujours réclamé un nouvel ordre mondial dès l'accession à l'indépendance, une partie de plus en plus croissante des citoyens des pays avancés réclament aujourd'hui un nouvel ordre mondial parce que leurs revenus et leurs retraites ne cessent de régresser et qu'ils doivent travailler de plus en plus longtemps, sans parler de ceux qui n'ont plus de travail.

Joseph Stiglitz a résumé les dysfonctionnements de la mondialisation avec les huit thèmes ci-dessous :

(1) Les défenseurs de la mondialisation ont utilisé un modèle simpliste qui ne saisissait pas de manière appropriée les coûts et les avantages ;

(2) Les bienfaits de la mondialisation ont été exagérés, pendant que la réalité était toute différente ;

(3) La mondialisation a eu de grands effets sur les revenus et la richesse qui nécessitaient une redistribution des gains, mais aucune mesure n'a été prise dans ce sens ;

(4) L'échec de la mondialisation se trouve au niveau de la gouvernance mondiale, la solution étant de donner plus de poids aux pays émergents ;

(5) La mondialisation a été pilotée, dans une large mesure, par et pour les grandes multinationales et institutions financières des pays avancés ;

---

[158] Joseph E. Stiglitz. 2017, *op. cit.*

(6) La mondialisation s'est opérée à partir de positions idéologiques telles que le libéralisme et la dérégulation ;

(7) La mondialisation a eu beaucoup d'effet sur la répartition du pouvoir à l'intérieur des pays et entre différents pays. ; certains pays en voie de développement peuvent ainsi dépendre de la bonne volonté d'autres pays ;

(8) La mondialisation a été utilisée par les grands groupes financiers pour éviter de payer des taxes.

Joseph Stiglitz conclut en disant que *« le type de mondialisation qui aurait dû bien fonctionner est nettement différent de celui qui a été imposé sur les pays en voie de développement par le FMI et la BM »*[159].

Les points exposés ci-dessus montrent bien que les règles qui régissent la mondialisation ne sont pas équitables et ne peuvent pas assurer une prospérité équitable aussi bien à l'intérieur des pays avancés qu'au niveau des pays en voie de développement.

L'un des grands enjeux de la mondialisation étant aussi le contrôle des matières premières, il est nécessaire de comprendre comment les pays avancés se les procurent.

Géopolitique des matières premières

Les relations internationales ne sont pas toujours guidées par de bons principes de droit public international, de moralité, de droits de l'homme ou d'équité. La mondialisation se fait dans un contexte de compétition entre les grandes puissances pour le contrôle des matières premières qui n'hésitent pas, le cas échéant, à se faire la guerre directement ou indirectement en utilisant leurs alliés respectifs. La guerre commerciale avec la Chine en est une illustration. Trois types de matières premières sont souvent

[159] *Idem*, pp. XII-XXIV.

retenus : les produits agricoles, les minerais et l'énergie. Les matières premières sont le fondement de la production des richesses et aucun pays n'est totalement autosuffisant. Elles sont donc des objets de convoitise pour les États et les entreprises qui les exploitent et/ou les acheminent.

La géopolitique des matières premières a été dans le passé et jusqu'à nos jours à la base de plusieurs conflits armés entre États. Le cas récent de la Libye a laissé une profonde désapprobation dans l'opinion publique internationale et les conséquences négatives de cette opération continuent de se faire sentir. Le droit d'ingérence qui est officiellement utilisé pour des « motifs nobles » couvre officieusement des opérations de géopolitique et même des règlements de comptes internationaux. La guerre de Libye a été déclenchée par une coalition internationale avec pour motif la protection des droits de l'homme au moment où les troupes de Kadhafi étaient supposées s'apprêter à mater une insurrection dans la ville de Benghazi. Les médias internationaux ont aussi joué un rôle négatif évident en déformant au maximum la réalité. Cela pose à nouveau la question du nouvel ordre mondial de l'information qui avait fait l'objet dans les années 1974 de la commission Sean MacBride et dont nous n'entendons plus parler.

Depuis lors, les conséquences négatives de cette intervention militaire sur la stabilité dans la région du Sahel et le bassin méditerranéen ainsi que la situation des droits de l'homme ont atteint un niveau catastrophique. L'économie de la Libye a été détruite et les bénéfices de plusieurs décennies de croissance économique ont été anéantis. Ce qui est arrivé en Libye et en Irak auparavant peut demain arriver dans n'importe quel autre pays africain.

L'un des remèdes au désordre dans les relations politiques et économiques internationales serait une réforme du système des Nations unies et du Conseil de sécurité pour que tous les continents soient équitablement représentés, que la gestion du monde soit plus équitable et ainsi permettre la diminution des foyers de tensions. Nous ne pouvons pas passer sous silence la question des intérêts des grandes puissances et surtout celle des rapports de forces internationaux. Ce sont là des paramètres que nous retrouverons toujours dans les relations internationales. Dans cette perspective, nous pensons que l'Afrique, si elle veut peser un jour dans les relations internationales, devra construire rapidement son intégration politique et économique. Si cela n'est pas fait rapidement, l'Afrique deviendra un « no man's land » où toutes les puissances du monde viendront se servir en matières premières en les payant le moins cher possible.

Lors de la guerre de Libye, les médias ont largement diffusé les informations sur la façon dont les grandes puissances ont ignoré les résolutions de l'Union africaine qui voulait plutôt avoir recours à une solution négociée dans ce conflit. Il appartient, dès lors, aux élites du continent africain de faire pression sur leurs gouvernements pour accélérer la mise en œuvre des objectifs de l'Union africaine. De même, il est presque sûr que la compétition économique à l'échelle mondiale engendrera d'un côté des États prospères et de l'autre des États prolétaires qui ne se seront pas adaptés à la compétition internationale ni à la mondialisation.

Contestation de la mondialisation néolibérale et altermondialisme

Au cours des années 1990, les conséquences désastreuses de la mondialisation sur la plupart des populations ont engendré de nombreuses mobilisations locales et nationales contre les politiques néolibérales dans toutes les régions du monde. Dans la première moitié de la décennie émerge un mouvement altermondialiste qui ne conteste pas le principe même de la mondialisation, mais s'oppose au fait qu'elle soit régie par une idéologie et des pratiques néolibérales délétères pour les peuples du monde. Le mouvement altermondialiste va se structurer autour de campagnes internationales comme celles réclamant l'abolition de la dette du tiers monde ou la taxation des transactions financières internationales.

Les sommets organisés par les institutions internationales vont être l'occasion pour le mouvement altermondialiste d'organiser des contre-sommets et de tenter de paralyser le fonctionnement des organisations régissant la mondialisation. Les mobilisations altermondialistes ne réaliseront cet objectif que ponctuellement, notamment à Seattle en 1999, lorsque des dizaines de milliers de militants altermondialistes venus du monde entier parvinrent à empêcher la tenue du sommet de l'Organisation mondiale du commerce (OMC).

Au début des années 2000, des forums sociaux organisés à l'échelon local, national, continental et mondial vont permettre aux altermondialistes des différentes parties du monde de se retrouver et d'échanger sur les alternatives à la mondialisation qu'il serait possible et souhaitable de promouvoir.

Le premier forum social européen de Florence, le forum social mondial de 2004 à Mumbai et le forum social mondial de 2005 à Porto Alegre, qui ont respectivement rassemblé 50 000, 120 000 et 170 000 personnes, figurent parmi les plus grands succès de l'altermondialisme. Les forums sociaux des années 2000 à 2005 vont bénéficier d'un tel écho populaire et médiatique que même des représentants de la Banque mondiale voudront y participer. L'Afrique subsaharienne a accueilli trois forums mondiaux et des dizaines de forums continentaux ou nationaux, mais c'est dans le monde arabe, entre 2005 et 2010, que se sont tenus le plus grand nombre de forums internationaux. On peut d'ailleurs poser l'hypothèse que la dynamique née des forums sociaux tenus dans cette région n'a pas été pour rien dans l'éclosion, à partir de décembre 2010, de l'ensemble des contestations populaires parfois victorieuses qui a été appelé « Printemps arabe ».

La dynamique du mouvement altermondialiste qui semble s'être essoufflée dans la deuxième moitié de la décennie 2010 n'aura pas réussi à infléchir radicalement le cours de la mondialisation. Pour autant, elle n'a pas été sans influence ni héritage. La question de l'annulation des dettes indignes des pays du tiers monde est à l'agenda des négociations internationales et celle de la taxation des transactions financières a été reprise par le président des États-Unis Joe Biden lui-même. En Asie, certaines revendications altermondialistes concernant la protection des paysans par la garantie des prix des productions agricoles et la protection des marchés intérieurs ont été portées par de nombreux mouvements paysans. Le récent succès en 2021 des agriculteurs indiens qui ont obtenu l'annulation de la décision de « libéraliser » le secteur agricole du sous- continent témoigne que certaines luttes anti-néolibérales peuvent être victorieuses.

Aujourd'hui, on peut considérer que le mouvement international pour la défense du climat et pour la justice climatique est une nouvelle forme du mouvement altermondialiste. Héritière de ses aînés dans la lutte, une importante partie de la jeunesse du monde entier conteste l'ordre économique mondial qui conduit l'humanité à sa perte et condamne en premier lieu les pays les plus pauvres à subir les conséquences désastreuses des politiques économiques et industrielles des pays qui ont réduit en esclavage leurs populations, colonisé leurs nations et continuent à piller leurs ressources.

Quelles opportunités pour l'Afrique ?

Au niveau des pays industrialisés, les plus grands économistes ne parviennent pas à se mettre d'accord sur les meilleures politiques économiques à proposer. Beaucoup de courants de pensée s'affrontent. Après un demi-siècle d'indépendance, l'Afrique a formé un grand nombre de cadres universitaires dans tous les domaines, sociologues, économistes, gestionnaires, agronomes, ingénieurs, vétérinaires, médecins, etc.

L'Afrique devrait faire confiance à ceux-ci pour mettre en place des politiques économiques, des stratégies et des programmes de lutte contre la pauvreté et de relance de l'emploi sans toujours chercher à copier ce qui s'est fait ailleurs.

Cependant, un préalable s'impose à tous les pays africains, à savoir une bonne administration publique, une bonne gouvernance et l'édification d'un État de droit.

Par bonne gouvernance, nous entendons l'édification en Afrique de véritables États de droit bien structurés capables de gérer rationnellement les ressources et de réduire les effets négatifs de la mondialisation pour assurer de meilleures conditions de vie aux populations.

La ZLECAF est une grande opportunité pour l'Afrique. Avec un marché de plus d'un milliard d'habitants, l'Afrique pourra diversifier son économie et passer à une phase industrielle de fabrication de produits finis à vendre au lieu de continuer à seulement vendre des matières premières. C'est aussi la vente de produits manufacturés sur le continent qui pourra libérer l'Afrique de l'échange inégal avec les pays avancés. Ainsi l'Afrique pourrait rejoindre le peloton de tête des pays émergents (Chine, Inde, Russie, Brésil...) qui, du fait de la mondialisation et du rattrapage qu'elle a permis chez eux, ont pu rééquilibrer leurs économies et sortir une bonne partie de leur population de la pauvreté.

Aujourd'hui comme hier, le développement de la science ainsi que ses applications au secteur industriel sont à la base des transformations économiques et sociales.

La première révolution industrielle débute à la fin du XVIIIe siècle en Grande-Bretagne grâce à la découverte du moteur à vapeur. Elle marque l'apparition de la mécanisation et l'émergence de nouvelles industries, notamment textiles.

La deuxième révolution industrielle apparaît à la fin du XIXe siècle avec l'invention de l'électricité et du moteur à explosion qui vont permettre à l'Europe occidentale, aux États-Unis et au Japon de devenir les nations les plus prospères de la planète. L'essor de l'industrie automobile constitue l'une des plus grandes illustrations de cette époque. L'Afrique a complètement raté les deux premières révolutions industrielles parce qu'elle était sous occupation coloniale.

La troisième révolution industrielle apparaît à partir de 1970 avec l'émergence de l'informatique et l'électricité d'origine nucléaire qui marque l'avènement de l'électronique avec l'arrivée du transistor et du microprocesseur. C'est à la suite de ces innovations technologiques que vont apparaître de nouveaux moyens de transmission de l'information comme l'internet.

La quatrième révolution industrielle dite « révolution des technologies de la communication et de l'information » va apparaître à la fin du XXe siècle avec la numérisation de l'information et de l'interconnexion des appareils mobiles connectés.

Il s'agit d'un vaste ensemble de techniques de pointes assez complexes qui englobent des domaines variés à savoir, l'électronique, l'informatique et l'internet, les télécommunications, les applications médicales, les biotechnologies, les techniques de fabrication, les techniques de gestion, etc.

Cette révolution va transformer tous les systèmes de production, de management et de gouvernance. Cette révolution évolue à un rythme exponentiel et non plus linéaire. Elle va transformer progressivement nos économies et nos sociétés. Il appartient donc à l'Afrique de saisir cette nouvelle opportunité en adaptant son système d'éducation et de formation aux grandes tendances de l'économie mondiale. Nous n'avons cité que quelques pistes de réflexion et bien d'autres peuvent venir s'y ajouter.

X.

Perspectives d'avenir

Le XXe siècle a vu le déclin des grandes idéologies universelles qui s'étaient donné la grande mission d'organiser le monde. La révolution d'octobre 1917 en Russie et le socialisme scientifique qui ont servi de modèle aux élites et à une bonne partie du monde ont connu leur déclin avec la chute de l'Union soviétique.

Le libéralisme et la révolution néolibérale des années 1970 ont montré leurs limites aussi bien dans les pays industrialisés que dans les pays les moins avancés.

La mondialisation est un phénomène incontournable de notre époque et nous devrons nous y adapter. Cependant, la mondialisation est aussi dynamique et elle évolue suivant le temps. La mondialisation fait beaucoup de mécontents, non seulement dans les pays en développement mais aussi dans les pays avancés. Un grand changement qui amènerait des règles plus équitables est possible.

La question de la recherche d'un nouvel ordre économique mondial ainsi qu'une nouvelle mondialisation reste donc toujours d'actualité. Cependant, il est peu probable que les grandes multinationales qui dirigent la finance internationale acceptent un jour de changer les règles de la mondialisation à moins qu'il y ait une grande crise financière internationale qui échapperait à tout contrôle avec effondrement total du système financier international.

L'Afrique est en droit de commencer à penser son propre devenir. Les élites africaines ont une grande opportunité de prendre l'initiative au niveau de la pensée économique. Cela suppose entre autres une bonne définition du rôle de l'université africaine et de la recherche.

L'Afrique pourrait améliorer considérablement ses performances économiques si elle parvenait à réussir son intégration politique et économique. Entre-temps, l'Afrique devra continuer à consolider l'État de droit afin de pouvoir bénéficier pleinement de la croissance économique tout en réduisant la pauvreté et tout en assurant un partage équitable des revenus. Cependant, il y a un préalable sans lequel l'Afrique ne pourra pas émerger. Il s'agit du défi sécuritaire. L'Afrique devrait se doter d'une force militaire capable d'assurer la souveraineté du continent. L'histoire de l'humanité nous donne beaucoup d'exemples d'empires envahis et balayés par d'autres. L'Afrique elle-même a subi l'esclavage et la colonisation parce qu'elle a été d'abord vaincue militairement. Il serait donc irréaliste de confier la défense du continent à des puissances étrangères et espérer construire une forte économie. L'Afrique devrait penser à investir dans la sécurité pour assurer sa souveraineté. Bref, le destin du continent se fonde d'abord sur sa sécurité et ensuite sur son intégration politique et économique.

Le XXe siècle a vu la quasi-totalité des territoires africains accéder à la souveraineté nationale même si dans plusieurs cas il s'agissait d'une souveraineté assez précaire au vu des interférences des anciennes métropoles dans les affaires intérieures des nouveaux États indépendants. Les États africains devraient revoir les différents accords de coopération signés avec les anciennes métropoles et dénoncer tous ceux qui nuisent à leur développement. Il faut dès à présent que l'Afrique se convainque que le progrès est possible et que la pauvreté n'est pas une fatalité.

Annexe.

Chronologie du génocide perpétré contre les Tutsi

6 avril 1994 : les présidents rwandais et burundais, Juvénal Habyarimana et Cyprien Ntaryamira, sont tués, lorsque leur avion, qui s'apprêtait à atterrir à Kigali, est abattu par un missile. Cet évènement va servir de prétexte pour exécuter l'acte final du génocide des Tutsi commencé en 1959. Selon un plan préétabli, le colonel Bagosora et quelques extrémistes mettent en place un gouvernement génocidaire.

7 avril 1994 : Des barrières sont dressées par des milices hutu à Kigali puis dans le reste du pays, et, au vu de leurs cartes d'identité, les Tutsi sont systématiquement assassinés.

8 avril 1994 : au cours des jours suivants, des centres où se réfugient les Tutsi (écoles, églises...) sont attaqués et leurs occupants massacrés par les Hutu, appuyés par les FAR.

Dès le 8 avril 1994, la France, par l'opération Amaryllis, puis la Belgique, par l'opération Silver Back et l'Italie évacuent leurs ressortissants et ceux d'autres pays occidentaux. Un convoi de ressortissants américains part dans les heures qui suivent l'attentat vers le Burundi, où les attendent des forces américaines en stationnement, près de l'aéroport international de Bujumbura.

Les exécutions se déroulent pendant trois mois. Les ordres issus du gouvernement sont relayés par les préfets, qui les transmettent à leur tour aux bourgmestres, lesquels organisent des réunions dans chaque village pour informer la population des consignes données, avec l'appui de gendarmes et de soldats, ainsi que d'une partie importante du clergé. Les ordres sont également transmis par la RTLM qui encourage et guide jour après jour, heure par heure le génocide, dénonçant les Tutsi encore vivants à tel ou tel endroit. L'enrôlement de la population pour participer aux tueries est favorisé par la coutume de l'*umuganda*, journée de travail collectif où la population est rassemblée, selon une méthode déjà employée dans les massacres au Mutara en 1990 ou du Bugesera en 1992. Mais le « travail » consiste désormais à massacrer à travers tout le pays les Tutsi, ainsi que certains Hutu modérés réputés hostiles à ce projet et considérés comme des « traîtres ». Ce « travail » est dirigé par les milices Interahamwe (issus du MRND, le parti présidentiel) et Impuzamugambi (issus de la CDR, Coalition pour la défense de la république, organisation extrémiste composée de durs du régime), parfois assistées par les FAR, le reste de la population suivant de gré ou de force. Lab population utilise essentiellement des machettes, des houes et des gourdins cloutés, les « outils » de prédilection du génocide anti-Tutsi de 1994.

Des barrières sont montées sur toutes les routes du Rwanda pour arrêter les Tutsi qui tentent de fuir les massacres, qui sont massacrés sur place.

Les massacres atteindront des sommets dans l'horreur. L'ampleur du massacre (en trois mois, plus d'un million de personnes sont tuées selon les autorités rwandaises après recensement), sa cruauté (des femmes enceintes sont éventrées pour tuer les fœtus, la violence sexuelle est fréquemment employée, des tueries ont lieu au sein de familles mixtes, le sadisme se manifeste dans de nombreux cas) et le nombre impressionnant des exécutants en font un des évènements les plus atroces du XXe siècle. À l'inverse, des Tutsi eurent la vie sauve du fait que quelques Hutu avaient pris le risque de les cacher ou de leur donner de quoi se nourrir.

***14 avril 1994* :** le gouvernement belge annonce qu'il retire son contingent de Casques bleus de la Mission des Nations unies pour le Rwanda (MINUAR).

17 avril 1994 : À Butare, le seul préfet tutsi du Rwanda essaye de lutter contre le développement du génocide dans les préfectures du sud. Il est destitué le 17 avril 1994. Le génocide démarre ensuite. Le 19 avril 1994 le président du Gouvernement intérimaire, Théodore Sindikubwabo, vient sur place soutenir les autorités locales et la population par un appel « au travail ». Entre-temps, le préfet avait été arrêté et exécuté.

Dans la région de Kibuye, dans le massif montagneux de Bisesero, lieu réputé pour sa résistance en d'autres périodes, des Tutsi se sont regroupés et ont tenté de résister aux autorités locales et aux miliciens en se battant avec des armes qu'ils leur prenaient. Environ 65 000 Tutsi y sont aujourd'hui enterrés.

***21 avril 1994* :** après avoir constaté les difficultés à mettre en place un cessez-le-feu entre le FPR et les FAR et l'échec probable du processus d'Arusha, le Conseil de sécurité des Nations unies (où siège le Rwanda depuis le 1er janvier 1994), après avoir hésité une semaine entre diverses options (renforcement de la MINUAR, ou maintien sous condition, ou bien maintien d'une force réduite, ou retrait total), prend la décision de réduire la MINUAR à un strict minimum. Cette force de maintien de la paix passe de 2500 à 250 hommes et a pour but de servir d'intermédiaire entre les deux parties. Ses possibilités de secours humanitaire ou de protection des populations sont quasiment nulles.

30 avril 1994 : le Conseil de sécurité de l'ONU exige un cessez-le-feu entre les FAR et le FPR, mais se limite à des actions diplomatiques et humanitaires. Dans une déclaration de son président, le Conseil de sécurité désigne à demi-mot le responsable principal des tueries : *« Des attaques contre des civils sans défense ont été lancées dans tout le pays, et en particulier dans des zones contrôlées par des membres ou des partisans des forces armées du Gouvernement intérimaire du Rwanda »*. Il se refuse cependant à prononcer le mot génocide, même s'il rappelle que « l'élimination des membres d'un groupe ethnique avec l'intention de détruire ce groupe totalement ou partiellement constitue un crime qui tombe sous le coup du droit international », ce qui est quasiment mot à mot les termes de la Convention sur le génocide.

17 mai 1994 : le Conseil de sécurité de l'ONU décrète un embargo sur les armes à destination du Rwanda. Cet embargo sera peu respecté, des armes continuant à arriver par Goma pour armer les FAR.

31 mai 1994 : un rapport du Secrétaire général des Nations unies au Conseil de sécurité évalue le nombre de victimes entre 250 000 et 500 000. Ce rapport souligne également que « les massacres et les tueries avaient été systématiques et qu'il ne faisait guère de doute que les évènements en question constituaient un génocide ». Ses conclusions énoncent que la réaction tardive de la communauté internationale à la situation tragique que connaît le Rwanda démontre de manière éloquente qu'elle est totalement incapable de prendre d'urgence des mesures décisives pour faire face aux crises humanitaires étroitement liées à un conflit armé. Après avoir rapidement ramené la présence sur le terrain de la MINUAR à son niveau minimum, puisque le mandat initial de celle-ci ne lui permettait pas d'intervenir lorsque les massacres ont commencé, la communauté internationale, près de deux mois plus tard, semble paralysée, même si le mandat du déploiement des Casques bleus était révisé. Le même rapport du Secrétaire général des Nations unies disait « nous devons tous reconnaître, à cet égard, que nous n'avons pas su agir pour que cesse l'agonie du Rwanda et que, sans mot dire, nous avons ainsi accepté que des êtres humains continuent de mourir ».

8 juin 1994 : le Conseil de sécurité dénonce les actes de génocide commis au Rwanda. Il étend le mandat de la MINUAR aussi bien dans la durée (prolongation jusqu'en décembre 1994), que dans les moyens d'action (défense des sites de réfugiés). Il appelle les États membres de l'ONU à apporter des ressources pour permettre le renforcement de la MINUAR.

22 juin 1994 : avec l'autorisation de l'ONU, la France lance l'Opération turquoise : des soldats français arrivent dans le sud-ouest du Rwanda pour établir une zone humanitaire sécuritaire pour les réfugiés. Pourtant, les massacres de Tutsi continuent, même dans la « zone de sécurité » contrôlée par la France.

4 juillet 1994 : prise de contrôle de la capitale Kigali par le FPR.

Plus de deux millions de réfugiés hutu se déversent sur le territoire du Zaïre encadrés par les miliciens Interahamwe et les FAR qui les garderont en otage pendant plusieurs années les empêchant de rentrer au Rwanda une fois la paix revenue.

16 juillet 1994 : Alors que les FAR sont en déroute, un communiqué de la Maison-Blanche annonce la fermeture de l'ambassade du Rwanda aux États-Unis et l'expulsion du personnel diplomatique de cette ambassade.

Au même moment, des consultations commencent au Conseil de sécurité de l'ONU pour retirer son siège au gouvernement génocidaire rwandais et bloquer les avoirs financiers de ce gouvernement aux États-Unis.

17 juillet 1994 : Plus de deux millions de Rwandais ont franchi la frontière avec la RD Congo (ex-Zaïre). Les FAR, les dirigeants et exécutants du génocide des Tutsi fuient également en Zaïre dont la frontière est contrôlée par l'opération turquoise qui les laisse passer avec leur armement. Le drame va s'étendre sur cette population prise en otage par les forces génocidaires. La maladie du choléra fait des ravages parmi les réfugiés.

18 juillet 1994 : le FPR déclare un cessez-le-feu unilatéral.

19 juillet 1994 : mise en place d'un gouvernement d'union nationale pour une période transitoire de cinq ans.

Bibliographie

ABRAHAMS Peter Henry, *Rouge est le sang des Noirs*, Casterman 2000, traduction de *Mine Boy*, Dorothy Crisp & Co Ltd, Londres, 1946.

AJASSO De Gil, *La race noire : Une disparition programmée ?* Édition Du Net, 2017

AMSELLE Jean Loup et M'BOKOLO Elikia (dir.), Au cœur de l'ethnie. Ethnies, tribalisme et États en Afrique [1985], Paris, La Découverte, 1999,

ANTA DIOP Cheikh, Nations nègres et culture. Présence Africaine, 1999.

BIZIMANA Jean Damascène, Inzira ya Jenoside yakorewe Abatutsi mu Rwanda, Kigali 2014.

BLACKBURN Robin, *The Making of New World Slavery. From the Baroque to the Modern 1492-1800,* Londres, Verso, 1997

BOUKARI-YABARAT Amzat, *Africa Unite ! Une histoire du panafricanisme*. Éditions La Découverte, Paris, 2014.

BYANAFASHE Déo et RUTAYISIRE Paul (sous la direction de), *Histoire du Rwanda, des origines à la fin du XXe siècle*. Commission pour l'Unité et la Réconciliation, 2e édition, 2016.

CHAVAGNEUX C. et al., *Les enjeux de la mondialisation*

(Tome III), Collection Repères, La Découverte, Paris, 2007.

CHRÉTIEN Jean-Pierre, *L'Afrique des Grands Lacs, deux mille ans d'histoire*. Aubier, collection historique, 2001.

CHRÉTIEN Jean-Pierre, Rwanda, les médias du génocide, Paris, Karthala, 2000.

CHRÉTIEN Jean-Pierre, « Un génocide africain : de l'idéologie a la propagande », in Verdier R. et al., Rwanda. Un génocide du XXe siècle, Paris, Harmattan, 1995.

CHRÉTIEN Jean-Pierre, Le défi de l'ethnisme. Rwanda, Burundi. 1990-1994, Paris, Karthala, 1997.

DÉCOMBE Robert, « La lente marche des pays non-alignés », *Le monde diplomatique*, juillet-août 2001.

DE SAINT-EXUPÉRY Patrick, *La traversée*, Les Arènes, Paris, 2021.

D'HERTEFELT Marcel, *Les clans du Rwanda anciens. Éléments d'ethnosociologie et ethnohistoire*. Musée Royal de l'Afrique Centrale, Tervuren, Belgique. Annales-Série n°8, Sciences Humaines- N0. 70, 1971.

DU BOAHEN A. A, (sous la direction de), *Histoire générale de l'Afrique*. Tome VII. L'Afrique sous domination coloniale 1880-1935, Présence africaine/Edicef/UNESCO, 2014.

DUMAS Hélène, « Du "double génocide" a la négation du génocide : évolution du discours négationniste, Dialogue, No 190, mars 2010, p. 95.

DUPAQUIER Jean François, « Génocide des Tutsi du Rwanda : le négationnisme comme best seller », 1er mai 2018, Afrikarabia.com.

FANON Frantz, *Les Damnés de la Terre*, Maspero, 1961.

GALABERT Jean-Luc, *Les enfants d'Imana. Histoire sociale et culturelle du Rwanda ancien*, Izuba, 2007.

GALABERT Jean-Luc, *Nous ne fêterons plus Noël. Rwanda 1959-1964. Genèse de la violence génocidaire*, (à paraître) Izuba, 2022.

GASARABWE Édouard, *Le geste Rwanda*, collection 10/18, Union Générale d'Édition, 1978.

KAGAME Paul Kagame, Intervention au Forum Économique Kenya Rwanda, 11 juillet 2015.

KARANGWA Hildebrand A., *Parmehutu (1959-1973): Imwe mu nkomoko za Jenoside yakorewe Abatutsi muri 1994*, Kigali 2020, p. 38.

KENYATTA Jomo, *Au pied du Mont Kenya,* Éditions Maspero, Collection texte à l'appui, 1960, traduction de l'ouvrage, *Facing Mount Kenya*, publié en 1937 aux éditions Seeker and Warburg.

KESTELOOT Lilyan, *Anthologie négro-africaine*, Éditions Gérard & Co, Collection Marabout université, Verviers (Belgique), 1967.

KI-ZERBO Joseph, *Histoire de l'Afrique noire*, Hatier, Paris, 1978.

LOGIEST Guy, *Mission au Rwanda : un Blanc dans la bagarre Tutsi-Hutu*. Didier Hatier, 1988.

MAZRUI A.A., *Histoire générale de l'Afrique*. Tome VIII. L'Afrique depuis 1935. Présence africaine/Edicef/ UNESCO, 2014.

MENDE Tibor, *De l'aide à la recolonisation, les leçons d'un échec,* Édition du Seuil, 1972.

MOYO Dambite, *Dead aid*, Penguin group, 2009.

MUGESERA Antoine, *Les conditions de vie des Tutsi au Rwanda de 1959 à 1990*. Dialogue & Izuba, Septembre 2014.

MUGESERA Antoine, *Rwanda 1959-1962. La Révolution manquée*. Anthologie- Vol. 2, Izuba, 2018.

NDESHYO RURIHOSE Oswald, *La nationalité de la population zaïroise d'expression kinyarwanda au regard de la loi du 29 juin 1981,* Collection C.E.R.I.A, Édition électronique ASYST, Kinshasa, 1992.

NKRUMAH Kwame, *Le consciencisme*. Présence Africaine, 1976.

NKRUMAH Kwame. *Africa must unite*, Panaf Books, 1963.
NYAMWASA Daniel, *Le mal rwandais*, Izuba 2017.

NYERERE Kambarage Julius, Recueil de textes introduit par Yash Tandon, CETIM, 2014.

OGOT B.A. (sous la direction de), *Histoire générale de l'Afrique*. Tome V. L'Afrique du XVIe au XVIIIe siècle. Présence africaine/Edicef/UNESCO, 2014.

OGOT B.A. (sous la direction de), *Histoire générale de l'Afrique*. Tome VII. L'Afrique sous domination coloniale 1880-1935. Présence africaine/Edicef/ UNESCO, 2014.

OKUMU Wafula, « The African Union: pitfalls and prospects for uniting africa », Journal of international affairs, Spring/summer 2009, volume 62, number 2.

POPPE Guy, « L'assassinat de Rwagasore, le Lumumba Burundais », Iwacu, Bujumbura, 2012.

RAMONET Ignacio, « Cinq siècles de colonialisme », *Le monde diplomatique*, juillet-août 2001

ROULEAU Éric, « 1956, coup de tonnerre sur le canal de Suez », *Le monde diplomatique*, juillet-août 2001.

ROUSSO Henry, *Le syndrome de Vichy*, Seuil, Points Histoire, 1990, 1re éd. 1987.

SURET-CANALE Jacques, « Contexte et conséquences sociales de la traite africaine », *Présence Africaine*, 2e trimestre 1964.

STANTON Gregory, Les dix étapes du génocide, 2013, Observatoire du Génocide /Genocide Watch.

STIGLITZ Joseph E, *Globalization and its discontents-Revisited*, Penguin Books, 2017.

TERNON Yves Ternon, (1995). *L'État criminel. Les génocides du 20ème siècle*, Seuil.

VIDAL-NAQUET Pierre, Les Assassins de la mémoire, Seuil, 1987.

WAUTHIER Claude, « Les ratés de la décolonisation en Afrique », *Le monde diplomatique*, juillet-août 2001.

Traités et rapports

B.A.D (Banque africaine de développement), Rapport 2020.

ONU (Organisation des Nations unies), Convention de Genève sur les réfugiés, 28 juillet 1951.

OUA (Organisation de l'unité africaine), Charte de l'OUA, 25 mai 1963.

OUA (Organisation de l'unité africaine), Plan d'action de Lagos pour le développement économique et social. Avril 1980.

OUA (Organisation de l'unité africaine), Traité d'Abuja, 3 juin 1991.

UA (Union africaine), Acte constitutif de l'UA, 11 juillet 2000 à Lomé, au Togo.

ZLECAf (Zone de libre-échange continentale africaine), Acte constitutif, 21 mars 2018.

Table des matières

Structures éditoriales du groupe L'Harmattan

L'Harmattan Italie
Via degli Artisti, 15
10124 Torino
harmattan.italia@gmail.com

L'Harmattan Hongrie
Kossuth l. u. 14-16.
1053 Budapest
harmattan@harmattan.hu

L'Harmattan Sénégal
10 VDN en face Mermoz
BP 45034 Dakar-Fann
senharmattan@gmail.com

L'Harmattan Cameroun
TSINGA/FECAFOOT
BP 11486 Yaoundé
inkoukam@gmail.com

L'Harmattan Burkina Faso
Achille Somé – tengnule@hotmail.fr

L'Harmattan Guinée
Almamya, rue KA 028 OKB Agency
BP 3470 Conakry
harmattanguinee@yahoo.fr

L'Harmattan RDC
185, avenue Nyangwe
Commune de Lingwala – Kinshasa
matangilamusadila@yahoo.fr

L'Harmattan Congo
219, avenue Nelson Mandela
BP 2874 Brazzaville
harmattan.congo@yahoo.fr

L'Harmattan Mali
ACI 2000 - Immeuble Mgr Jean Marie Cisse
Bureau 10
BP 145 Bamako-Mali
mali@harmattan.fr

L'Harmattan Togo
Djidjole – Lomé
Maison Amela
face EPP BATOME
ddamela@aol.com

L'Harmattan Côte d'Ivoire
Résidence Karl – Cité des Arts
Abidjan-Cocody
03 BP 1588 Abidjan
espace_harmattan.ci@hotmail.fr

Nos librairies en France

Librairie internationale
16, rue des Écoles
75005 Paris
librairie.internationale@harmattan.fr
01 40 46 79 11
www.librairieharmattan.com

Librairie des savoirs
21, rue des Écoles
75005 Paris
librairie.sh@harmattan.fr
01 46 34 13 71
www.librairieharmattansh.com

Librairie Le Lucernaire
53, rue Notre-Dame-des-Champs
75006 Paris
librairie@lucernaire.fr
01 42 22 67 13

www.ingramcontent.com/pod-product-compliance
Lightning Source LLC
LaVergne TN
LVHW010921061026
849535LV00007B/2166